Alain Huck

Les
salons
noirs

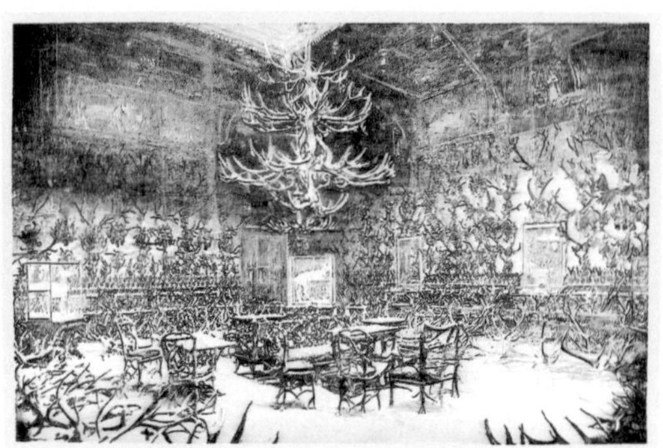

Le salon
2006
150×223 cm

Julie Enckell Julliard

Alain Huck

Les salons noirs

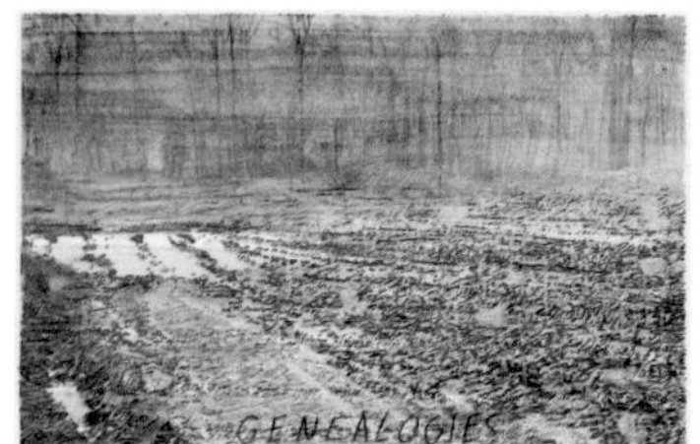

Généalogies
2006
100×151 cm

Alain Huck – L'épreuve des ruines
par Julie Enckell Julliard

« Tu pourras, tu devrais y voir aussi les foudroiements, les guerres,
les désastres, cataclysmes, déluges, toutes les disparitions.
Ta méthode de méditation sera donc (mais peut-être pour un temps
seulement) d'arracher le nom de tous ces destins qui te regardent
dans la tache obstinée de ce seul mur. Y voir toutes les disparitions. »

> Georges Didi-Huberman, *Memorandum
> de la peste. Le fléau d'imaginer,* Paris,
> Christian Bourgois, 1983

« Le soleil ni la mort ne se peuvent regarder fixement. »

> François de La Rochefoucauld,
> *Maximes :* 26, Paris, Claude Barbin, 1665

5

Alain Huck—Ruminating Ruins
Julie Enckell Julliard

"You will, you should also see there the lightning-strikes, the wars,
the disasters, cataclysms, floods, all the disappearances. Thus,
your method of meditation will be (though maybe just for a while)
to discern the names of all these fates that confront you, in the
stubborn stain on this single wall. To see in it all the disappearances."

> Georges Didi-Huberman, *Memorandum
> de la peste. Le fléau d'imaginer,* Paris,
> Christian Bourgois, 1983

"On neither the sun nor death can a man look fixedly."

> François de La Rochefoucauld,
> *Maximes :* 26, Paris, Claude Barbin, 1665

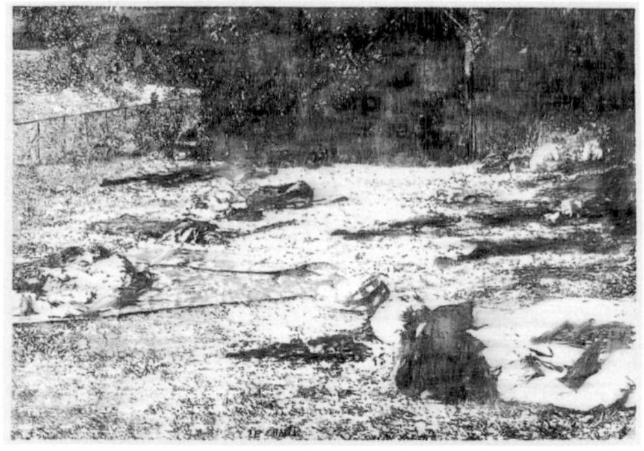

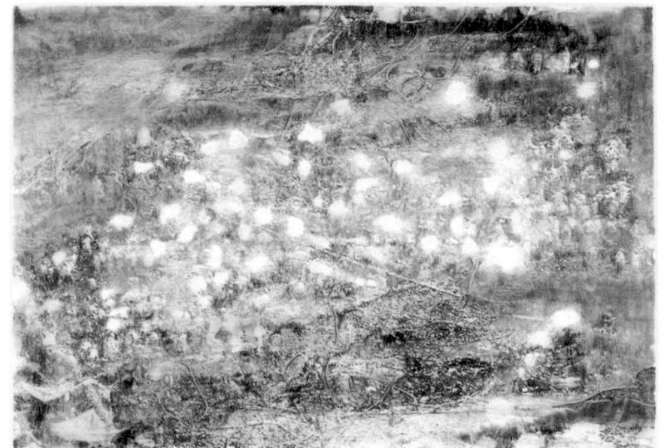

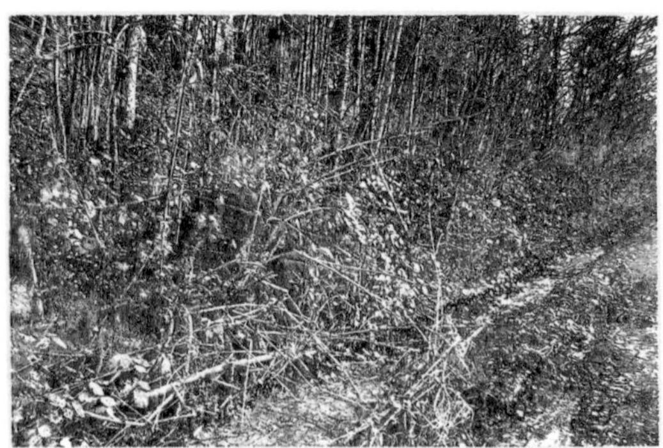

No See No Bomb
Le champ
2006
151×216 cm
La fosse
2006
151×214 cm
Saisie
2006
151×225 cm

No See No Bomb
**Certains dessins
certains faits**
2006
151×194 cm

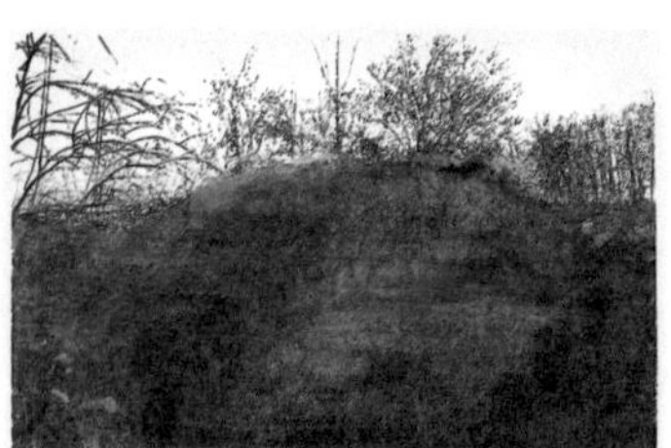

No See No Bomb
La butte
  2006
  100×151 cm
Respirer une fois
sur deux
  2006
  151×119 cm

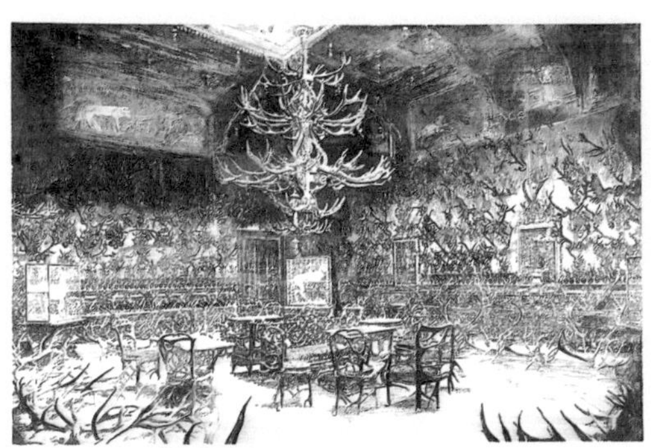

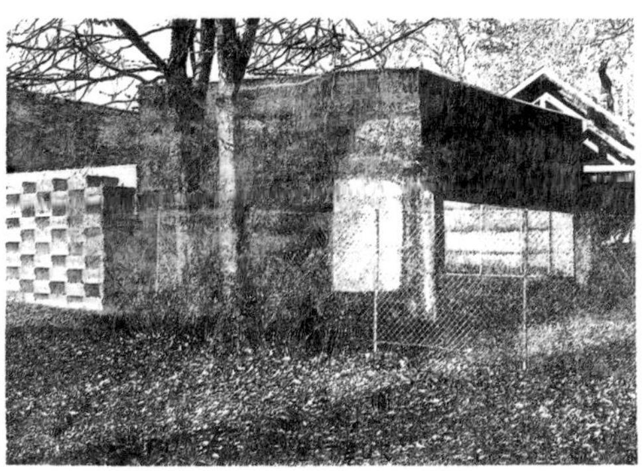

No See No Bomb
Le salon II
  2007
  151×223 cm
Secteur
  2007
  151×214 cm

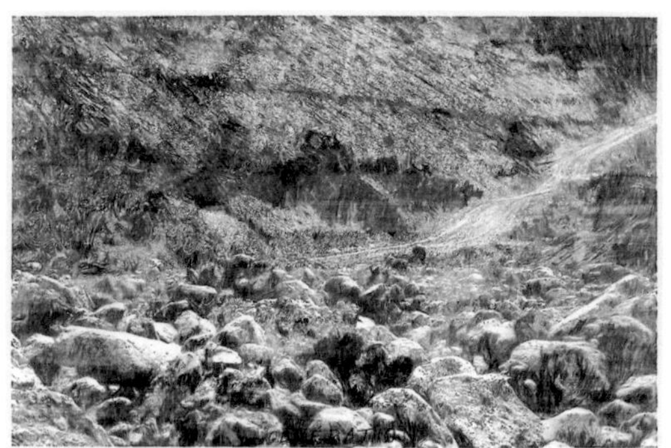

Génération
2007
151×223 cm

Depuis 2006, Alain Huck réalise à l'échelle monumentale
des dessins au fusain réunis sous le nom générique de *Salons noirs*.
Ces pièces abordent la notion de deuil ou de paradis perdu,
par l'entremise de paysages intimes désolés, d'allusions aux grandes
blessures de l'humanité, et de textes littéraires où se trame la
destruction de notre civilisation. Par la superposition de différentes
images qu'il fait parfois se rejoindre sur le mode des analogies
de la pensée, Alain Huck élabore une vision floutée, mobile, parfois
dédoublée de ses sujets, laissant surgir par endroits le spectre de
présences humaines évanescentes. À la manière d'une radiographie
de l'esprit qui laisserait apparaître son architecture complexe, le
dessin brouillé renvoie à des strates mémorielles que le spectateur
déchiffre à mesure qu'il s'immerge dans l'œuvre. De ces compositions
émane, dès lors, l'illusion d'une profondeur organique, de cavités
denses et inquiétantes dont la perception n'est jamais figée.
L'effet s'accentue par le caractère fugace et poudreux du fusain, un
bois carbonisé qui présente chaque dessin comme un paysage
de cendres ou la vision d'une décomposition progressive du monde.

11

Alain Huck has been creating a series of monumental charcoal
drawings under the generic name *Salons noirs* (Black salons) since
2006. They deal with notions of mourning, or paradise lost,
by means of barren inner landscapes, allusions to humanity's great
wounds, and literary texts into which our civilization's destruction
is woven. By superimposing various images, sometimes linked rather
in the way that thought constructs analogies, Huck has created a
hazy, shifting, sometimes duplicated vision of his subjects, allowing
the specter of fleeting human presences to emerge here and there.
Like an x-ray of the mind revealing its complex architecture, these
blurred drawings reference layers of memory that viewers can
unpick as they immerse themselves in the work. The compositions
create an illusion of organic depth, of dense and unsettling
emptinesses that can never be pinned down to a single perception.
The effect is accentuated by the fleeting and powdery nature
of the charcoal, a carbonized wooden twig, which offers up each
drawing as a landscape of ashes, or a vision of the world's gradual
decomposition.

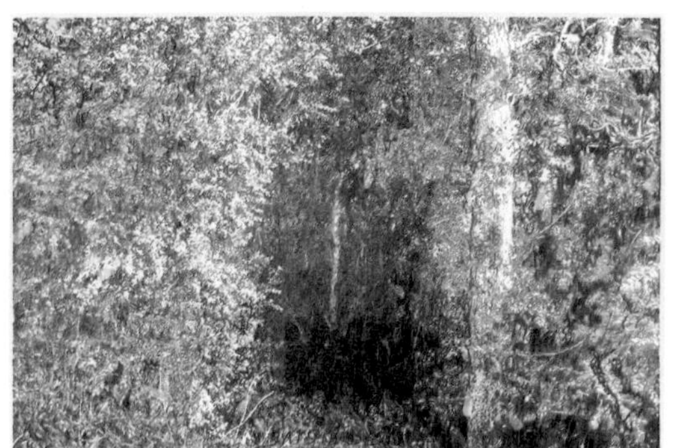

Saisie II
2007
151×223 cm

Le vrai et le faux

À l'automne 2009, Alain Huck réunissait pour la première fois
les *Salons noirs*, à l'occasion d'une exposition au Musée d'art moderne
et contemporain de Genève (Mamco), intitulée *La chair nuit*.
La «nuit» mentionnée dans le titre de l'événement annonçait une
rupture nette avec le passé, le surgissement du fusain faisant
suite à une longue prééminence de la couleur, dont les déclinaisons
étaient allées de la peinture sur châssis à l'installation vidéo,
sans oublier le dessin au sens élargi du terme, toujours envisagé
dans une certaine spatialité[1]. De «chair», en revanche, il avait
déjà longtemps été question. À ses débuts, l'artiste recherchait
avant tout des mouvements de matière, qui dans la peinture
prenaient la forme d'une surcharge de pigments synthétiques.
Il développe alors un travail de peinture en écho à la scène
«néo-géo», dont la Suisse constitue un centre actif[2]. En 1987,
il fonde l'espace d'art contemporain M/2, avec Jean-Luc Manz,
Jean Crotti, Robert Ireland, Catherine Monney et Christian Messerli.
Dans un appartement de sept pièces de la rue des Deux-Marchés,

1   Citons pour exemple l'exposition *Animal Beauty,*
    Circuit, Lausanne, 2002, où les dessins étaient
    installés au sol, déposés sur une structure en bois
    séquencée par des cloisons.

2   John Armleder *et al.*, *Peinture,* galerie
    Art & Public, Genève 1993; Lionel Bovier (éd.),
    Across/Art/Suisse/1975–2000, Paris, Skira, 2001

13

Truth and falsehood

Huck presented his *Salons noirs* series for the first time in fall 2009 at
an exhibition in the Museum of Modern and Contemporary Art
(Mamco) in Geneva, under the title *La chair nuit* (The Flesh Night).
The reference to "night" proclaims a clear break with the past;
the emergence of charcoal has come after a long period when color
was preeminent, in everything from easel paintings to video
installations, and indeed drawings in the wider sense of the term,
invariably conceived within a certain spatial context.[1] "Flesh," by
contrast, had been around for a long time. Initially, Alain Huck was
primarily concerned with the shifting nature of matter, which
manifested itself in paintings overloaded with synthetic pigments.
He created works that echoed the "neo-geo" scene, of which
Switzerland is an active center.[2] He founded M/2, a contemporary art
space, with Jean-Luc Manz, Jean Crotti, Robert Ireland, Catherine
Monney, and Christian Messerli in 1987. In a seven-room apartment
on rue des Deux-Marchés in Vevey, the collective staged some
forty exhibitions up until 1991, inviting emerging artists to fill all

1   See, for example, the exhibition *Animal Beauty,*
    Circuit, Lausanne, 2002, where the drawings
    were laid out on the floor, on a wooden structure,
    with a series of partitions.

2   John Armleder *et al.*, *Peinture,* Art & Public gallery,
    Geneva, 1993; Lionel Bovier (ed.),
    Across/Art Suisse/1975–2000, Paris: Skira, 2001

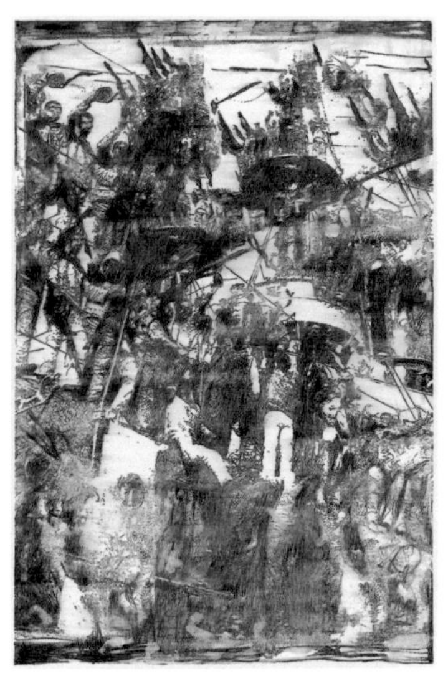

Alto Solo
2007
230×151 cm

à Vevey, le collectif organise jusqu'en 1991 une quarantaine
d'expositions, conviant des artistes émergents à investir tous les
espaces, du couloir d'entrée à la salle de bains, avec des installations
in situ. Certaines d'entre elles, proches de la performance, évoquent
– en résonance avec la nature du lieu –, une forme d'habitat précaire
et abordent, de cette manière, la condition de l'artiste en décalage
avec les formes de l'art vendu sur le marché. Dans la suite *down sweet
down* (1994–2000), la substance accumulée engendrait d'imposantes
protubérances à l'aspect menaçant de glandes hypertrophiées.
Qu'ils se fassent l'évocation de possibles mutations génétiques ou
d'une défaillance de l'œuvre même, ces renflements de peinture
renvoyaient alors à une forme inquiétante de l'épiderme ou à une
excroissance tubéreuse. L'usage de la peinture brillante et lisse
renforçait leur aspect monstrueux, donnait l'illusion d'une chair
à la fois artificielle et vulnérable. Deux ans plus tôt, la série *Nouvel
ordre for you and me* (1992) mettait déjà en scène des épanchements
d'encre aléatoires. La fluidité des formes engendrait cette fois une
sécrétion organique incontrôlée, un dégorgement étrange et
périlleux. Assimilée à la chair, la matérialité de l'œuvre laissait sous-
entendre l'idée d'une perte inévitable, d'une intégrité altérée,
d'une évolution piégée de la sensualité. Sur la page, ces formes se

15

the spaces, from the entrance corridor to the bathroom, with *in situ*
installations. Some of them were very similar to performance pieces;
they responded to the nature of their context by evoking a precarious
form of habitat and in so doing engaged with the situation of the
artist, out of kilter with the art forms that are sold on the market.
In his *down sweet down* series (1994–2000), the accumulated substance
produces striking protuberances with the alarming appearance
of hypertrophied glands. Whether they are meant to evoke possible
genetic mutations or a flaw in the artwork itself, these bulges
of paint reference worrying skin features or tuberous growths.
Huck's use of glossy, smooth paint serves to accentuate the monstrous
aspect, creating an illusion of flesh that is both artificial and
vulnerable. Two years earlier, his series *Nouvel ordre for you and me* (1992)
had already featured random effusions of ink. Here, the fluidity
of the forms gives rise to uncontrolled organic secretions, a weird
and perilous overflowing. With its resemblance to flesh, the
materiality of this work hints at inevitable loss, adulterated
integrity, a hamstrung evolution of sensuality. On the page, these
forms are juxtaposed with stereotypical snippets of phrases,
typed out by the artist as a way of using free and uncontrolled matter
to counter the formatted homogeneity of the thoughts peddled in

Lost
2007
151×236 cm

juxtaposaient à des périphrases stéréotypées, tapées à la machine
à écrire, l'artiste cherchant ainsi la confrontation d'une matière libre
et incontrôlée à celle, formatée et homogène, de la pensée véhiculée
par les magazines. Dans une même logique, le dessin R-ODOG,
issu de la série *Close to your bones* (1993), jouait de la tension entre une
évocation de l'épiderme (« souslapeau / surlapeau / dans la peau /
contrelapeau / sanslapeau / avecwithlapeau) et sa transcription à
la machine à écrire des mots le désignant. Un an plus tôt, *Peau* (1992)
associait des pages de papier de boucherie à une partie du corps
correspondant à l'un des cinq sens (« peau », « œil », « lobe », « lèvre »,
« narine »), la superposition de détails intimes de l'anatomie
humaine typographiés sur le papier d'emballage de la viande
animale crue suscitant un sentiment de violent dégoût. Cette
friction de l'inerte et du vivant renvoyait alors le spectateur à son
ambivalence d'être vif se nourrissant du corps mort d'autrui.
Par la confrontation dérangeante d'allusions à la chair humaine
et de matières synthétiques, Alain Huck évoquait l'inadéquation
fondamentale entre les êtres vivants et le monde industrialisé.
Ternes reflets de la nature des choses, les produits manufacturés –
la laque ou le papier de boucherie –, soulignaient les écarts entre
le monde vivant et ses pâles imitations. Dans cette première phase

17

magazines. The same logic informs the R-ODOG drawing from his
Close to your bones (1993) series; it plays with the tension between the
evocation of the epidermis—souslapeau / surlapeau / dans la peau /
contrelapeau / sanslapeau / avecwithlapeau (undertheskin / ontheskin /
intheskin / againsttheskin / withouttheskin / withtheskin)—and the
typed transcriptions of words that refer to it. A year earlier in *Peau*
(1992) he combined sheets of butchers' wrapping paper with body
parts that correspond to each of the five senses—skin, eye, lobe, lip,
nostril—and letter-pressed intimate details of human anatomy
on the wrapping paper, intended for raw animal meat, to produce
a response of violent revulsion. This friction between inert and living
things alerted his audience to the ambivalence of their position as
living creatures, feeding on the dead bodies of other beings. Through
this discomfiting confrontation of allusions to human flesh
and synthetic materials, Huck spoke to the fundamental disconnect
between living beings and the industrialized world. Dreary
reflections of the nature of things, manufactured products—lacquer
or butchers' wrapping paper—serve to highlight the gap between
the living world and its pallid imitations. In this first phase of his
work, Huck addressed the way human civilization has been
disrupted since the emergence of the consumer society: a world that

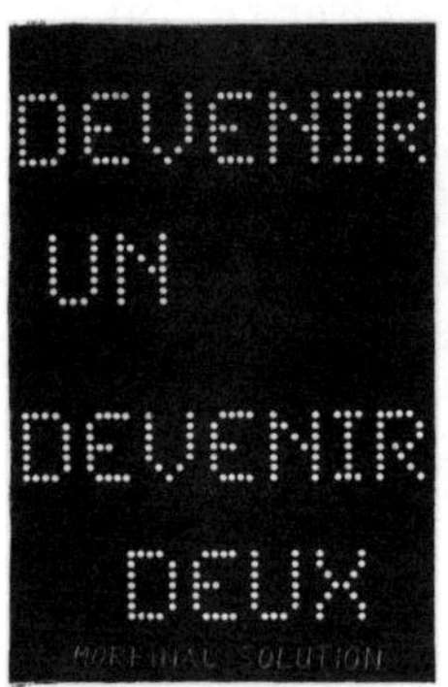

Morfinal Solution
2007
151×100 cm

de son œuvre, l'artiste mettait ainsi en jeu le dérèglement de la
civilisation humaine depuis l'émergence de la société de
consommation, un monde défiguré par une volonté excessive de
l'être humain d'exercer sa domination sur l'ordre naturel des choses.
La série des *Salons noirs* s'inscrit dans la continuité de cette réflexion
amorcée dès le début des années 1990. Elle commence par un
premier grand fusain intitulé *Le salon* (2006), dont il existe deux
autres versions (*Le salon* II, 2007 et *Division,* 2008). Œuvre charnière
dans le parcours d'Alain Huck, marquant le passage de la couleur
au noir et blanc, *Le salon* décrit la salle des trophées de chasse d'une
résidence princière, où la profusion des bois animaliers décore
et meuble le vaste espace. Au centre, un lustre, composé des mêmes
reliques, désigne l'axe central de la composition. L'ensemble du
dessin est marqué par l'agitation et le foisonnement du trait,
la pulvérulence du fusain rendant le sujet flou par endroits. L'image,
anonyme, ayant inspiré ce travail importe moins pour son histoire
que pour l'association visuelle qu'elle propose, entre une certaine
forme de richesse liée au pouvoir et des reliques animalières.
La composition, dénuée de toute présence humaine, montre en effet
l'espace princier comme un ossuaire de luxe, rendant perturbant,
par son exacerbation, l'usage décoratif de la dépouille animale : dans

19

has been disfigured by humans and their excessive desire to dominate
the natural order of things.
The *Salons noirs* series is a continuation of this thinking, which first
surfaced in the early 1990s. It opens with a large charcoal drawing
called *Le salon* (2006), which exists in two other versions (*Le salon* II,
2007; and *Division,* 2008). The work is a watershed moment in
Alain Huck's artistic development, marking his shift from color to
black and white. *Le salon* depicts a trophy room in a grand house:
a huge space decorated and furnished with antlers. At the center is
a chandelier composed of similar remains, constituting the central
axis of the composition. The entire drawing is markedly agitated,
with myriad strokes and smudged areas where the charcoal has
crumbled. The anonymous image that inspired it is less important
in terms of its history than the visual association that it proposes:
between a form of wealth linked to power and relics of animal life.
There is no human presence in this composition; the majestic space
becomes a luxurious ossuary, disturbing in its overabundant use
of animal remains as decoration; within a festive context, the guests
are cheek-by-jowl with the animals that they have killed. The image
enables Huck to tackle a recurrent theme in his work—the abuse of
power—through the relationship between humans and animals.

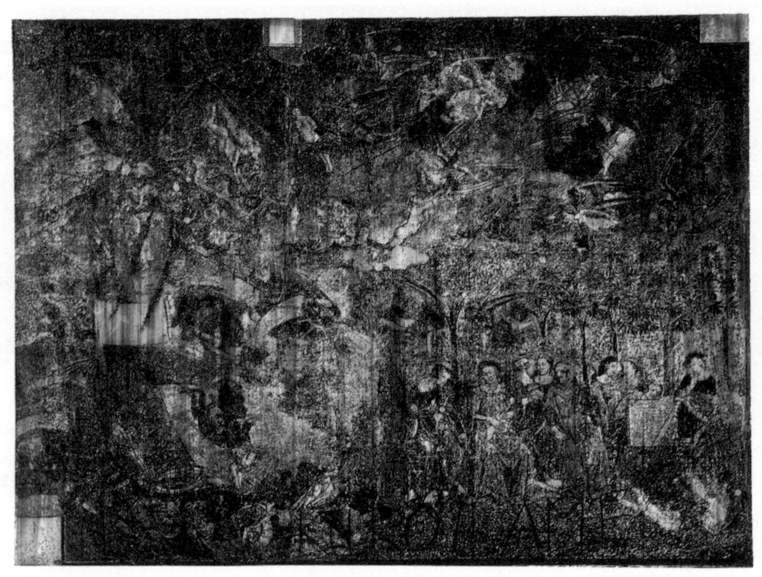

Kuroi Ame
2007
250×368 cm

un cadre festif, les convives côtoient les animaux qu'ils ont eux-mêmes tués. Cette image donne à l'artiste la possibilité d'aborder, par le biais des relations entre l'être humain et l'animal, le thème de l'abus de pouvoir, récurrent dans son œuvre. Celle-ci prend la forme d'une démesure et, par la chasse, d'une violence associée à l'omnipotence. Jouant sur la friction entre l'inerte et le vivant, Alain Huck interroge alors la coexistence possible des forces antinomiques qui constituent l'être humain[3]. Ce sujet apparaît pour la première fois dans *Vite soyons heureux il le faut je le veux* (VSH), œuvre majeure commencée en 1993, constituée de près de trois cents dessins réalisés sur des supports transparents[4]. Composée de coulures aléatoires se croisant horizontalement et verticalement, la *Géométrie des larmes* (*VSH 44*, 1994) propose, par exemple, une variation sur le thème de la cohabitation difficile entre un monde à la fois calculé et envahi par les émotions. Un autre dessin met en scène, dans une proximité dérangeante, l'étreinte d'un couple et la dépouille d'un tigre, accrochée au mur comme une tenture (*VSH 209*, 2001). Très présent dans l'univers d'Alain Huck, l'animal est le plus souvent asservi

3   Julie Enckell Julliard, « La friction et le double »,
    dans *Alain Huck,* Musée Jenisch Vevey / jrp|ringier,
    Vevey / Zurich, 2006, p. 3–6 (« Reibung und
    Doppelheit », p. 7–10)

4   Alain Huck, *Vite soyons heureux il le faut je le veux,*
    Zurich, jrp|ringier, 2007

21

Here, it takes the form of excess and, through hunting, violence associated with power. By playing on the friction between inert and living things, Huck asks if the mutually contradictory forces that make up human beings are capable of coexisting.[3] The subject appeared for the first time in *Vite soyons heureux il le faut je le veux* (VSH), a major work that was started in 1993 and consists of almost 300 drawings created on transparent supports.[4] Composed of random streaks that intersect horizontally and vertically, *Géométrie des larmes* (*VSH 44*, 1994) offers, for example, a variant on the theme of fraught coexistence within a world that is at once calculated and invested with emotions. Another drawing depicts a couple embracing in disturbing proximity to a tiger skin hanging on the wall (*VSH 209*, 2001). Animals are very present in Huck's world, generally subjected to humanity's desires, either as hunted game (*VSH 190*, 2001), or as drawing room decorations (*VSH 209*, 2001; *VSH 256*, 2005). Described by the artist as an "enumeration of his thoughts in drawing," and created on an almost daily basis, the works that make up VSH share a feature common to diaries or artists' notebooks,

3   Julie Enckell Julliard, "La friction et le double,"
    in *Alain Huck,* Vevey / Zurich:
    Musée Jenisch Vevey / jrp|ringier, 2006, pp. 3–6
    ("Reibung und Doppelheit," pp. 7–10)

4   Alain Huck, *Vite soyons heureux il le faut je le veux,*
    Zurich: jrp|ringier, 2007

Kuroi Ame
Omertà
2007
252×413 cm

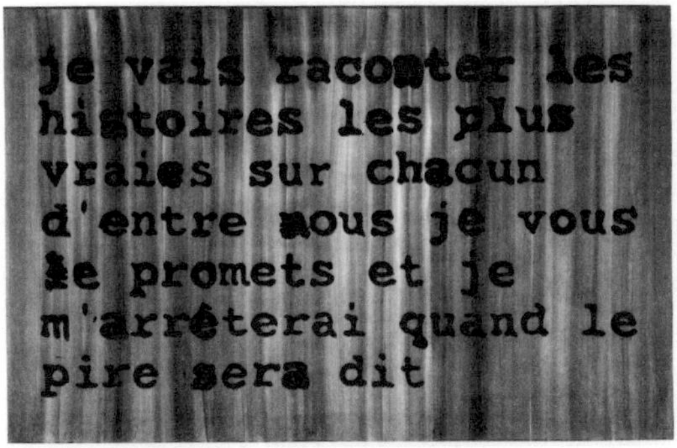

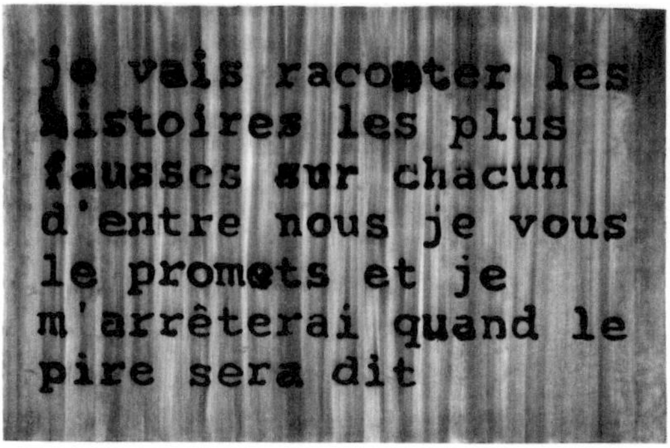

Kuroi Ame
Je vais raconter
2008
150×230 cm
Je vais raconter
2008
150×230 cm

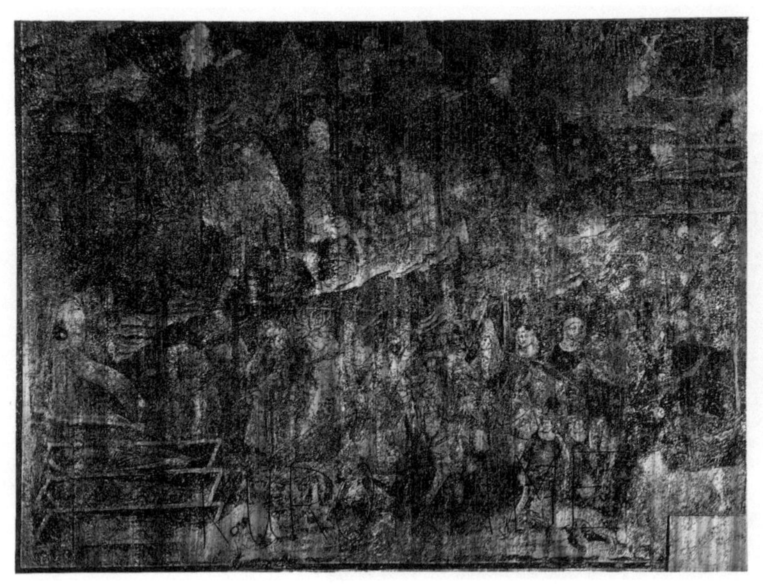

Kuroi Ame
Kuroi Ame II
2008
250×368 cm

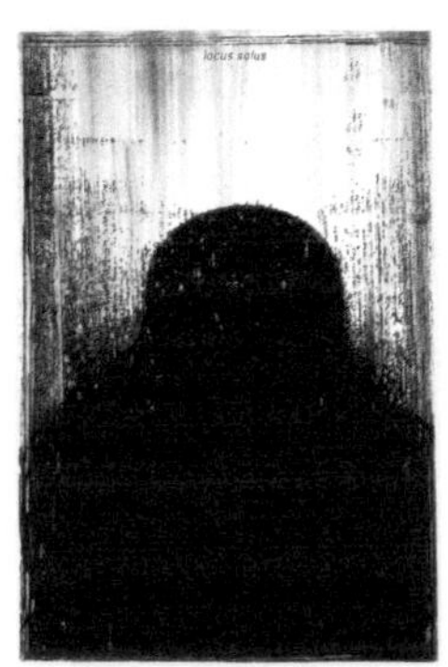

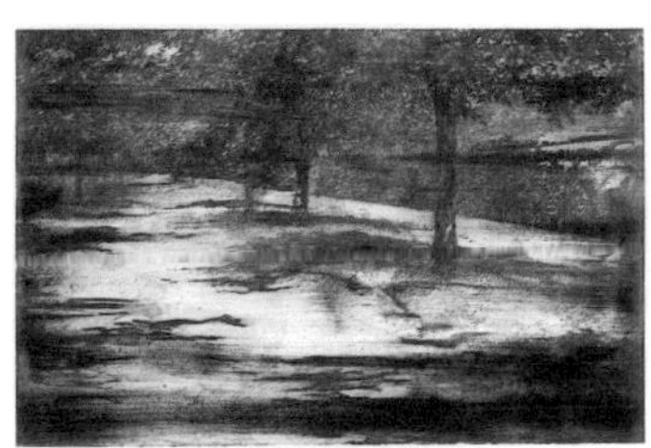

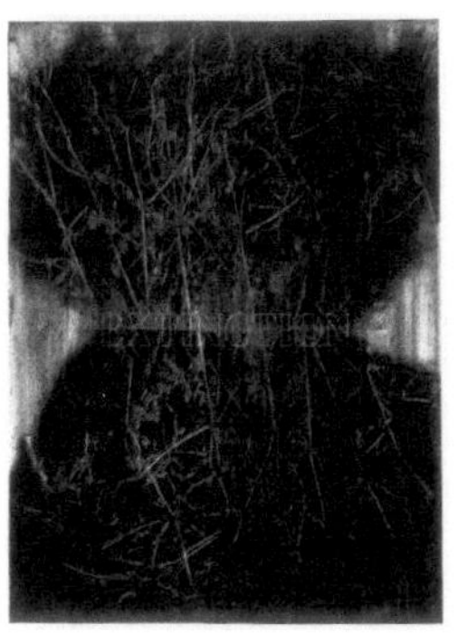

Kuroi Ame
Locus solus
  2008
  151×101 cm
Marzabotto
  2008
  100×151 cm
Extinction
  2008
  151×109 cm

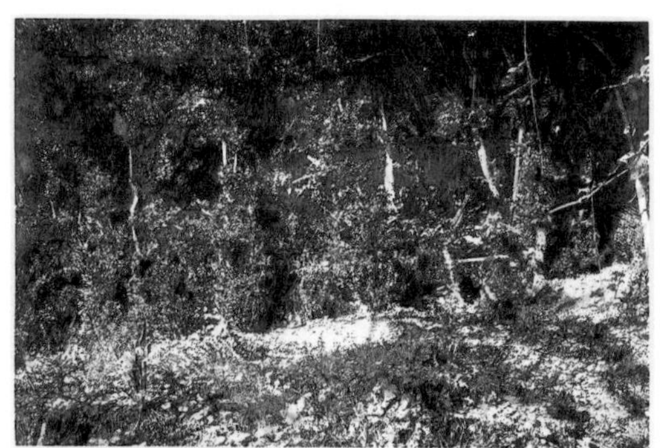

Saisie III
2008
151×224 cm

aux désirs de l'homme, servant tantôt de gibier (*VSH 190,* 2001),
tantôt de décor de salon (*VSH 209,* 2001 et *VSH 256,* 2005).
Décrits par l'artiste comme une «énumération de ses pensées dans
le dessin», réalisés presque quotidiennement, les dessins de *VSH*
ont ce point commun avec le journal ou le carnet d'artiste de donner
une trace subite à l'idée. Dans cette configuration, le journal
de bord se déploie à la manière d'une cartographie, les dessins tissent
entre eux de nouvelles correspondances sémantiques. *VSH* prend
alors la forme d'un immense atlas de la pensée, où se donne à voir
une organisation subjective de la connaissance, où les images
offrent, par leur système de corrélations, une vision personnelle
du monde[5].
Dans l'œuvre peint des débuts, l'artiste s'était saisi de la peinture
pour évoquer les dehors du monde, sa surface, son apparence
opaque, parfois monstrueuse. Pour dénoncer les mêmes travers
de la société, les dessins au fusain s'ouvrent désormais sur
un intérieur désordonné et inquiétant. L'artiste prend cette fois
pour point de départ le document photographique qui, tout

5   Julie Enckell Julliard, «À l'écart du visible, le bruissement du monde. Trois exemples et quelques pistes sur le carnet de recherches», dans *Roven,* nº 9, nº spécial Carnet de recherches, 2013, pp. 10–35

27

in that they enable ideas to be set down instantly. In this sense, his
logbook serves as a map, with the drawings weaving new semantic
connections among themselves. *VSH* thus becomes a vast atlas of
thought, revealing a subjective organization of knowledge; through
the way the images correlate, they offer a personal vision of the
world.[5]
In his earliest paintings, Huck turned to the medium to evoke the
external aspects of the world, its surface and its occasionally
monstrous opacity. Now, in an exposé of those same societal flaws,
his charcoal drawings have opened up a disordered and disturbing
interior space. This time, he has taken as his starting point
documentary photos which, while deliberately rendering the source
image for the drawing visible, by their very nature certify the reality
that they convey. Even if it has been edited electronically,
the image thus bestows on the content of the work the legitimacy
of a moment that really existed, by affirming that "it did happen."[6]
The deployment of charcoal, meanwhile, contributes to the

5   Julie Enckell Julliard, "À l'écart du visible, le bruissement du monde. Trois exemples et quelques pistes sur le carnet de recherches," in *Roven,* no. 9, special Carnet de recherches issue, 2013, pp. 10–35

6   Roland Barthes, *La chambre claire. Notes sur la photographie,* Paris: Gallimard / Les cahiers du cinéma, 1980, p. 126

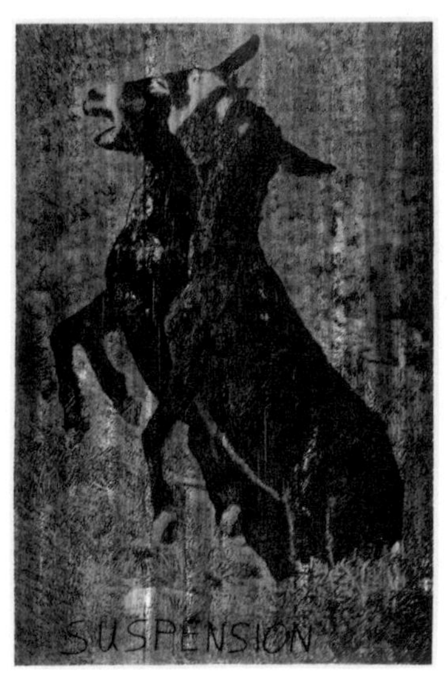

Suspension
2008
230×150 cm

en rendant l'image source du dessin délibérément visible, certifie, par sa nature même, le réel qu'il relaye. En dépit du fait qu'elle puisse parfois avoir été retravaillée à l'ordinateur, l'image assigne ainsi au contenu de l'œuvre la légitimité d'un moment ayant véritablement existé, affirme que «ça a été»[6]. Le choix du fusain contribue, quant à lui, à renforcer la solennité du propos : dans les dessins de Robert Longo (Brooklyn, 1945), on le voit déjà associé à la notion de ruine ou à une réflexion inquiète sur la fin des temps. L'artiste américain le choisit pour réaliser sa série de dessins monumentaux sur les monothéismes (par exemple *Untitled [Waiting Wall]*, 2011, fusain sur papier monté sur châssis, 304×825 cm)[7]. Dans la série *The Sickness of Reason* (2001–2005), les fusains retracent, sur le mode hyperréaliste, une explosion nucléaire spectaculaire, dont on se demande si elle ne met pas en scène par anticipation l'ultime catastrophe écologique dont sera victime l'humanité. Condamnant, comme ceux d'Alain Huck, les formes abusives de pouvoir – le mur comme outil de lamentation et de séparation des peuples –,

6   Roland Barthes, *La chambre claire.*
    Notes sur la photographie, Paris, Gallimard/
    Les cahiers du cinéma, 1980, p. 126

7   Richard Leydier, «Robert Longo : noirs dessins»,
    dans Art Press 360, octobre 2009, pp. 65–68 ;
    Robert Longo, Julie Rouart (éd.), Musée d'art
    moderne et contemporain de Nice, Musée
    Collection Berardo, Lisbonne, Paris, Skira, 2009

29

solemnity of the statement. The drawings of Robert Longo (Brooklyn, 1945) already linked charcoal with the idea of ruins or a troubled musing on the end of time. Longo chose this medium for his monumental *God Machines* series of drawings on monotheist religions, (for example *Untitled [Wailing Wall]*, 2011, charcoal on stretcher-mounted paper, 304×825 cm).[7] In Longo's *The Sickness of Reason* series (2001–2005) the charcoal lines retrace a spectacular nuclear explosion in a hyperrealistic way, perhaps even anticipating the ultimate ecological catastrophe bearing down on humanity. Like Huck's drawings, Longo's also condemn the abuse of power —in this case the wall as a tool for grieving and keeping people apart. They harbor an awareness of the drama from which humanity has emerged and towards which it is moving. As Longo explains, he appropriates the photographed source in order to create a new narrative:
"Recent images are frozen moments, without past or future, but at present they contain a potential for internal narration, which is found in reading rather than in the cinema. This [potential] cannot

7   Richard Leydier, "Robert Longo: noirs dessins," in
    Art Press 360, Oct. 2009, pp. 65–68; Julie Rouart (ed.),
    Robert Longo, Museum of Modern and
    Contemporary Art, Nice, Berardo Collection
    Museum, Lisbon, Paris: Skira, 2009

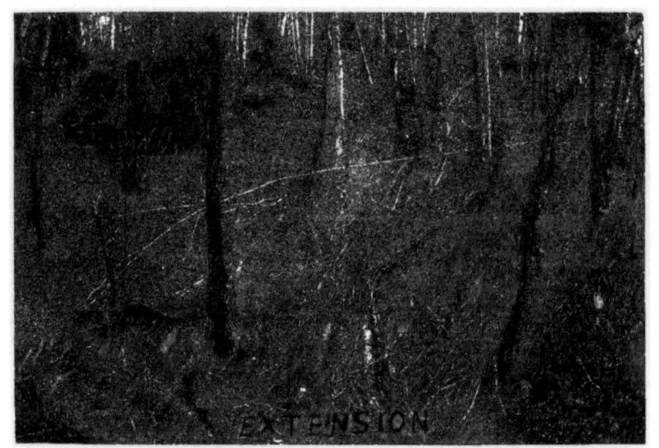

Extension
2008
151×221 cm

les dessins de Robert Longo contiennent en eux-mêmes une
conscience du drame d'où provient et vers lequel tend l'humanité.
Selon ses termes, l'artiste s'approprie la source photographiée
dans le but d'établir un nouveau récit:
«Les images récentes sont des moments gelés, sans passé ni futur,
mais à présent elles contiennent un potentiel de narration interne
qui est ce qu'on trouve dans la lecture plutôt que dans le cinéma.
Cela ne peut être articulé et cela n'est pas nécessairement linéaire,
mais cela fait tenir ensemble le fil des idées[8].»

Amorcé par Gerhard Richter (Dresde, 1932) au début des années 1960,
l'usage du document photographique comme support *readymade*
de l'œuvre s'est depuis largement répandu. Souvenons-nous que
dans le contexte artistique de l'époque, la photographie faisait,
à l'instar du dessin, l'objet d'une déconsidération marquée et n'était
que très rarement montrée dans les espaces d'art contemporain.
Pour Gerhard Richter, dont l'œuvre peint prend forme à partir d'un
cliché, le choix de son usage avait ainsi été encouragé par l'idée
d'échapper au piège de la sacralisation de l'œuvre, par le besoin de

8   Caroline Smulders. «Une heure avec Robert Longo»,
     dans *Robert Longo,* Julie Rouart (éd), *op. cit.,* p. 35

31

be articulated and is not necessarily linear, but it does hold the
stream of ideas together."[8]

Begun by Gerhard Richter (Dresden, 1932) in the early 1960s,
the use of documentary photos as ready-made props for works of art
has since become widespread. It is worth recalling that in the
artistic context of the period, photography, like drawing, was viewed
somewhat dismissively, and it was very rare for photographs to be
exhibited in contemporary art spaces. For Richter, whose paintings
are created on the basis of a photo, the decision to use them in
this way was motivated by a desire to avoid the trap of sanctifying
the artwork and to take a stand against bourgeois art.[9] This is not
the case with Huck's drawings: like Longo's, they restore the weight
of a historical painting to the work. Monumental, tackling serious
subjects, they are sometimes created with assistance from others,
thereby reenacting the organization of art workshops of the
modern age.

8   Caroline Smulders, "Une heure avec Robert
     Longo," in Julie Rouart (ed.), *Robert Longo, op. cit.,*
     p. 35 (translated by Sarah Tolley)

9   Thierry Davila, "Une œuvre de destruction.
     Gerhard Richter s'attaque à la peinture," in
     *In extremis. Essai sur l'art et ses déterritorialisations
     depuis 1960,* Brussels: La lettre volée, 2009,
     pp. 21–58

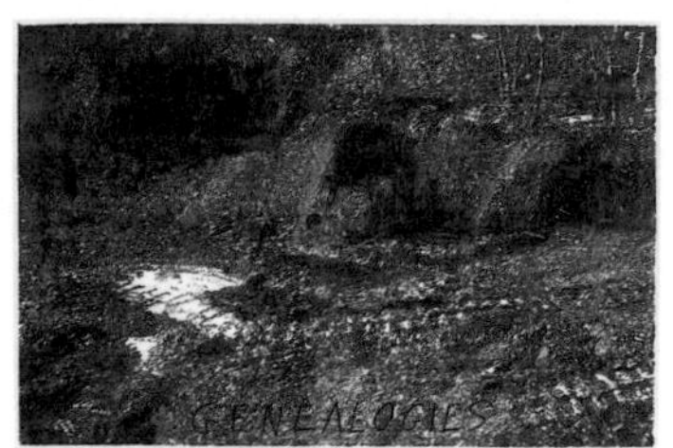

Généalogies II
2008
100×151 cm

prendre le contre-pied d'un art bourgeois[9]. Il n'en est pas de même
pour les dessins d'Alain Huck qui, comme ceux de Robert Longo,
restituent à l'œuvre le poids de la peinture d'histoire. Monumentaux,
abordant des sujets graves, les dessins parfois réalisés avec l'aide
d'autres mains, rejouent l'organisation des ateliers de l'époque
moderne.
Mais ces dessins n'en sont pas moins fragiles. À la différence de la
peinture à l'huile, la volatilité du fusain ajoute à la composition
une forme d'impermanence lui étant propre. De là naît une tension
entre l'état précaire de l'œuvre et sa monumentalité. Et tandis
que la photographie source assoit les formes et garantit leur ancrage
dans une réalité donnée, le fusain, comme par effet contraire,
rappelle leur possible perte ou disparition. C'est ici, dans la tension
qui émerge de la captation de l'instant et de l'évanescence lui
étant intrinsèquement liée, que l'on parvient à déceler ce qui relie
la photographie au dessin. Tous deux ont cette capacité à saisir
les moments fugaces, mais annoncent, en même temps qu'ils
immortalisent ces derniers, leur appartenance inévitable au passé.

9   Thierry Davila, « Une œuvre de destruction. *In extremis. Essai sur l'art et ses déterritorialisations*
     Gerhard Richter s'attaque à la peinture », *depuis 1960*, Bruxelles, La lettre volée, 2009, pp. 21–58

33

Yet for all this, they are still fragile. Unlike with oil paintings,
the instability of charcoal confers a particular impermanence
on the composition, creating a tension between the precarious state
of the work and its monumentality. While the source photograph
establishes the forms and ensures that they are anchored in a given
reality, charcoal has the contrary effect of evoking their possible loss
or disappearance. Here, in the tension that emerges from seizing
the moment and the evanescence intrinsically linked to it, we discern
what links photography to drawing: both have the ability to grasp
fleeting moments, proclaiming their status as bygone objects even as
they immortalize them.

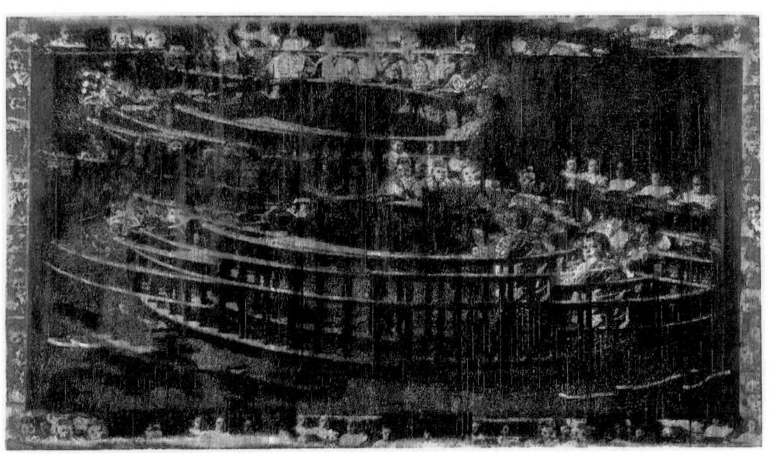

Hortus conclusus
2008
193×336 cm

La ruine, le collage

Élaborés autour du thème de la fatalité de l'existence, les *Salons noirs* convoquent souvent des images de mort, font allusion à de grands cataclysmes, à des guerres ou des dévastations. À cela l'artiste associe des représentations de paysages, gouffres immenses et mystérieux, faisant la part belle à une nature broussailleuse ou délaissée. Du cœur de ces thématiques émergent toutes sortes de traces ou de vestiges du passé – des édifices en ruines, des dépouilles ou des lieux chargés de souvenirs.

Dans une parfaite adéquation entre l'outil et l'objet de la représentation, Alain Huck choisit de faire ses dessins au fusain, un bois calciné qui se défait au contact du papier. Tandis que le bois brûlé se ruine, son action fait apparaître, de façon presque tautologique, des images de démantèlement des corps, ou de cataclysmes. Plusieurs lectures – parmi lesquelles les romans à caractère apocalyptique comme ceux de J. G. Ballard, Pierre Guyotat ou Thomas Bernhard – nourrissent le thème de la fin du monde. Celles-ci font parfois l'objet de citation directe, comme dans *Eden Eden Eden* (2012), mais aussi *Extinction* (2008), tous deux en allusion aux ouvrages de Pierre Guyotat et

35

Ruins and collages

With the inescapable fate of existence as their central theme, the *Salons noirs* frequently offer images of death, allusions to cataclysms, wars, and devastating events. Huck links this to representations of landscapes: immense and mysterious chasms largely consisting of overgrown or neglected nature. From this complex of themes emerge all manner of vestiges or remnants of the past—ruined structures, mortal remains, places laden with memories.

Finding a perfect match between tool and represented object, Huck has chosen to create his drawings in charcoal, which disintegrates on contact with the paper. As the charcoaled wood ruins itself, its action creates images of bodies being dismembered, of cataclysms, in a way that is almost tautological. Huck draws on a number of texts —including the apocalyptic novels of J. G. Ballard, Pierre Guyotat, and Thomas Bernhard—that deal with the end of the world. Sometimes they are quoted directly, as in *Eden Eden Eden* (2012) and *Extinction* (2008), both of which allude to works by Pierre Guyotat and Thomas Bernhard.[10] The installation *Ancholia* (2012) consists of four drawings placed opposite each other like a theater set around

10   Thomas Bernhard, *Extinction. A Novel*, translated by David McLintock, New York: Vintage, 2011 [1995]; Pierre Guyotat, *Eden Eden Eden*, Paris: Gallimard, 1970

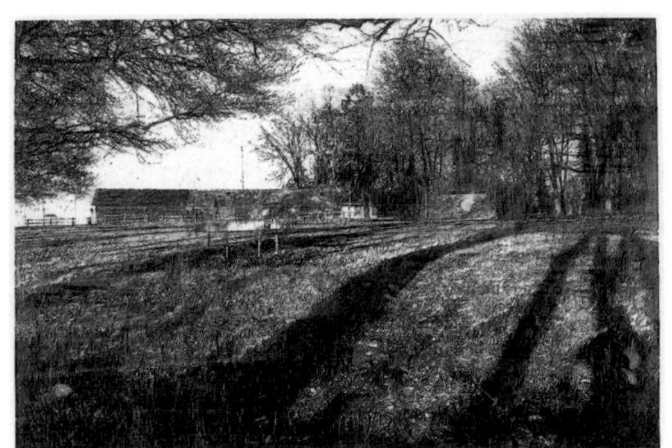

Secteur II
2008
151×226 cm

Thomas Bernhard[10]. L'installation *Ancholia* (2012) réunit à la manière
d'un décor de théâtre quatre dessins en vis-à-vis encadrant *Tentation,*
une ossature de bois métallisée évoquant la structure d'un théâtre
nu. Le dessin *Ancholia* (2011), dont le titre rappelle l'existence,
dans le jardin d'Eden, de la fleur Ancolie, mêle à une vision
broussailleuse d'un rivage contemporain la présence, contemplative,
de l'ange figurant dans la *Melancholia I* (1514) d'Albrecht Dürer
(1471–1528). Comme l'artiste posant son regard sur le monde, l'ange
l'observe dans un temps arrêté. Jouant de la réunion des contraires,
Alain Huck induit alors par le titre le souvenir d'un Eden perdu
que la «bile noire» décrite par Dürer aurait remplacé au fil du temps.
Un autre dessin, portant le titre de *Récidive,* fait se rejoindre
L'Île des morts (1886) d'Arnold Böcklin (1827–1901) et une *Source
de la Loue* de Gustave Courbet (1819–1877). En une seule composition,
l'œuvre réunit la naissance ou l'origine du monde (la source)
et son inexorable issue. Dans un troisième grand fusain intitulé *Acte,*
la dépouille d'un animal mort se superpose à une obscure
architecture concave, tandis que *Ring* présente, comme éblouie par
l'œil divin, une vue d'avion de la ville de Carthage, mise en pièces

10   Thomas Bernhard, *Extinction. Un effondrement,* 2009 [1990]; Pierre Guyotat, *Eden Eden Eden,* Paris, Gallimard, 1970
traduction: Gilberte Lambrichs, Paris, Gallimard,

37

Tentation, a framework of metallized wood suggestive of the
structure of an empty theater. The drawing *Ancholia* (2011), whose title
recalls the presence of the aquilegia or columbine flower in the
Garden of Eden, blends an overgrown vision of a contemporary
riverbank with the contemplative presence of the angel in Albrecht
Dürer's (1471–1528) *Melancholia I* (1514). Just as the artist gazes at
the world, the angel watches it frozen in time. Huck is playing with
the juxtaposition of opposites: evoking, through the title, the
memory of a lost Eden, gradually replaced over time by the "black
bile" that Dürer describes. Another drawing, titled *Récidive,* unites
Isle of the Dead (1886) by Arnold Böcklin (1827–1901) with *Source of
the Loue* by Gustave Courbet (1819–1877). In a single composition,
this work combines the birth or origin of the world (the source)
with its inexorable outcome. In a third large charcoal, *Acte,* the
remains of a dead animal are superimposed onto an obscure concave
architectural structure, while *Ring,* as if dazzled by the divine eye,
presents an aerial view of the city of Carthage, destroyed during the
third Punic War. From the angel's unmoving gaze upon the world
to the obliteration of a civilization, this tetralogy presents human
destiny as an enclosed space in which the same tragedy is played
out inexorably, over and over again.

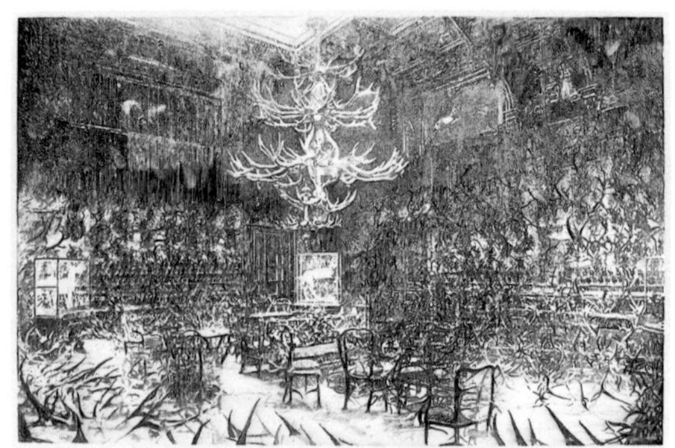

Division
2008
151×226 cm

lors de la troisième guerre punique. Du regard de l'ange posé,
immobile, sur le monde, à l'anéantissement d'une civilisation,
la tétralogie présente la destinée humaine comme un huis clos
où se rejoue inlassablement la même tragédie.
À l'intérieur des grands fusains, les sujets se chevauchent ou se
répondent souvent, dans des compositions mêlant l'histoire
collective à celle de l'individu, le passé au présent. L'artiste tisse
ainsi des correspondances, brouille les pistes du récit, comme si celui-
ci n'était rendu possible que par le ressenti intérieur et subjectif.
Il est ici question de mémoire, mais celle-ci ne nous est jamais donnée
sous la forme d'une narration linéaire et objective. Les niveaux
de sens et la nature des sources se confondent, l'artiste enchevêtrant
les documents trouvés et ceux liés à sa propre vie. Ce mécanisme
renvoie au fonctionnement même de la mémoire, tel que décrit par
Henri Bergson :
«Disons d'abord que si l'on pose la mémoire, c'est-à-dire une
survivance des images passées, ces images se mêleront constamment
à notre perception du présent et pourront même s'y substituer[11].»

11   Henri Bergson, *Matière et mémoire.*
      Essai sur la relation du corps à l'esprit,
      Paris, PUF, 1968 [1896], p. 68

39

Within these large charcoal drawings, the subjects often overlap
or respond to each other; these are compositions in which collective
history is mingled with individual histories, the past with the
present. The artist thus weaves connections, blurs the storyline, as if
it were only made possible by an internal and subjective experience.
Here we are dealing with memory, but a memory that is never
presented as an objective, linear narration. The levels of meaning
and the nature of the sources blend into one another, and Huck
mixes found documents with those that relate to his own life.
This mechanism recalls the way memory actually functions, as
described by Henri Bergson:
"We assert at the outset, that if there be memory, that is, the survival
of past images, these images must constantly mingle with our
perception of the present, and may even take its place."[11]

To further accentuate the inevitable meshing of self and
surroundings, of past and present, Alain Huck turned to the
technique of collage, or free montage of source images.

11   Henri Bergson, *Matter and Memory,* translated by
      Nancy Margaret Paul and W. Scott Palmer,
      Mineola (NY): Dover, 2004 [1912], p. 70

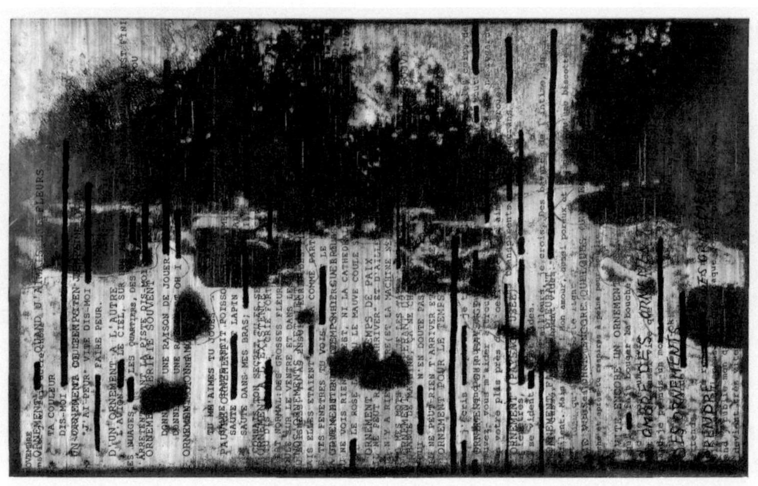

M Marzabotto
2008
216×344 cm

Pour exacerber l'idée d'une intrication inévitable entre soi et
son environnement, entre le passé et le présent, Alain Huck convoque
la technique du collage ou du montage libre des images source.
Dans *Kuroi Ame* (2007) et *Kuroi Ame II* (2008), il superpose ainsi au
Triomphe de la mort (1355) de Buonamico Buffalmacco – une fresque
réalisée au Camposanto de Pise peu après la peste de 1348 – des stries
verticales, en allusion à la pluie acide répandue sur les épargnés
de Hiroshima évoquée par le titre. La confrontation ou l'association
des éléments de représentation fait alors surgir des jeux de
résonances entre les sujets, forme des échos inattendus pouvant
conduire à une autre lecture des faits, à une nouvelle façon
de situer l'être humain face à sa destinée. Les éléments se soudent
les uns aux autres et servent ainsi à la construction d'une vision
subjective du monde, offrant de guider le spectateur dans les
méandres de la réflexion de l'artiste. C'est ce qui se manifeste aussi
dans la tétralogie *Tragedy or Position* (2011), où les quatre dessins
se répondent et s'opposent dans une dynamique visant à confronter
le spectateur à sa propre manière d'envisager l'existence. Les fusains
sont présentés sous la forme d'un théâtre clos, où l'artiste évoque
l'imposture des idéologies dominantes (l'Église, mais aussi la guerre)
et, simultanément, l'impuissance de l'homme en prise avec des

41

In *Kuroi Ame* (2007) and *Kuroi Ame II* (2008), as the title suggests,
he has superimposed vertical streaks, which allude to the acid rain
that fell on the survivors of Hiroshima, onto the *Triumph of Death*
(1355) by Buonamico Buffalmacco, a fresco that was painted in the
Camposanto in Pisa shortly after the Black Death of 1348. Through
the opposition or association of elements of representation, he
establishes resonances between the subjects, creating unexpected
echoes that can prompt a rereading of the facts, a repositioning
of human beings with regard to their destinies. These elements are
welded together to construct a subjective vision of the world,
offering to guide the spectator through the twists and turns of the
artist's thought. This is also manifest in his *Tragedy or Position*
tetralogy (2011), in which the four charcoal drawings respond to and
oppose each other within a dynamic that aims to confront his
audience with their own way of viewing existence. They are presented
in the form of a closed installation, in which Huck evokes the
fraud of dominant ideologies (the Church, war) and, simultaneously,
mankind's impotence in the face of overwhelming forces. One,
Position (2011), transposes an aerial view taken by a drone flying over
the desolate landscape of Afghanistan to a monumental scale,
thereby revealing the new ruins of the contemporary world. As a

Lead and Gold
2008
151×225 cm

forces qui le dépassent. L'un des dessins, *Position* (2011), transpose
à échelle monumentale une vue aérienne captée par un drone
survolant les terres désolées de l'Afghanistan, donnant à voir
les ruines nouvelles du monde contemporain. En miroir de ce désert
ébloui, *Tragedy* (2011) reproduit une double page des *Bacchantes*
d'Euripide et le lynchage de Penthée par sa propre mère, après
qu'il a voulu défier Dionysos. À travers le rapprochement inattendu
de ces deux scènes d'une violence extrême que près de 2500 ans
séparent, Alain Huck aborde la vaine défiance de l'homme qui,
cherchant à affronter des forces qui le dépassent, court fatalement
à sa perte. Victime d'une destruction inévitable et progressive
du monde ou responsable de sa propre fin, l'être humain apparaît
ici continuellement écartelé entre la volonté de maîtriser sa destinée
et les dommages que cette illusion n'aura cessé de provoquer.
Le dessin *Nebula* (2011) montre la Nébuleuse du crabe – rémanence
d'une supernova dont témoignent les astronomes chinois au XIᵉ
siècle déjà – obstruant le *Triomphe de la Providence divine,* plafond
de la salle de réception du Palais Barberini peint par Pietro da Cortona
entre 1633 et 1639. L'objet gazeux cache le message pontifical
à la manière d'une tumeur cancéreuse. Et tandis que cette tache
semble se répandre et masquer le discours de l'Église, *Edenblock* (2011)

43

mirror to this dizzying landscape, *Tragedy* (2011) reproduces a double
page of Euripides' *Bacchantes,* which relates the lynching of Pentheus
by his own mother after he sought to defy Dionysus. Through
the unexpected juxtaposition of two scenes of extreme violence
separated by nearly 2,500 years, Huck tackles humanity's vain
defiance in seeking to challenge forces that are far greater, thus
setting itself on the path to extinction. As the victims of an inevitable
and progressive destruction of the world, or as the authors of their
own demise, human beings appear here as continually torn between
the desire to control their destiny and the damage that this illusion
constantly produces. The drawing *Nebula* (2011) shows the Crab
Nebula—a supernova remnant recorded by Chinese astronomers
as early as the eleventh century—concealing the *Triumph of Divine
Providence,* the ceiling of the reception room in the Barberini Palace
painted by Pietro da Cortona between 1633 and 1639. The gaseous
mass obscures the pontifical message like a cancerous tumor. And,
while this stain seems to spread and mask the Church's discourse,
Edenblock (2011), which is displayed opposite it, offers a disconcerting
vision of vegetation under glass, its deafening exuberance
and burgeoning growth evoking the arbitrary and controlled
concentration of life forms domesticated by humans. Building on

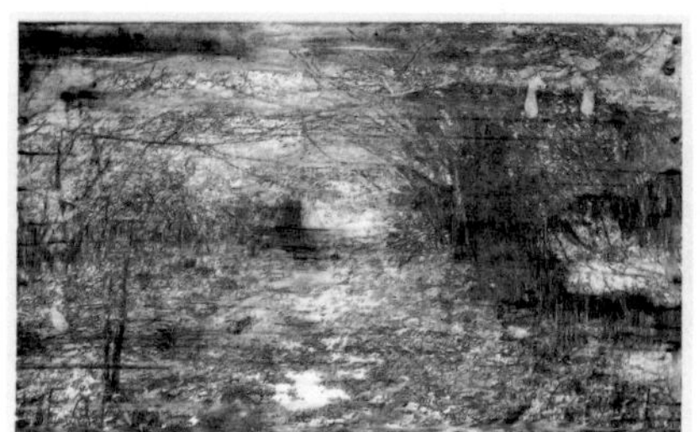

Lead and Gold II
2008
114×179 cm

lui faisant face propose une vision inquiétante d'une végétation sous serre, dont l'exubérance et le jaillissement assourdissants évoquent une concentration abusive et contrôlée du vivant domestiqué par l'homme. Dans ce jeu d'écho et d'associations que l'installation suscite chez le spectateur, *Tragedy or Position* invite ce dernier à se situer, le montrant partagé entre l'acceptation ou le refus de l'évolution tragique du monde.

45

the interplay of echoes and associations that this installation elicits in its audience, *Tragedy or Position* invites them to position themselves, thereby showing how they are divided between acceptance and rejection of the world's tragic evolution.

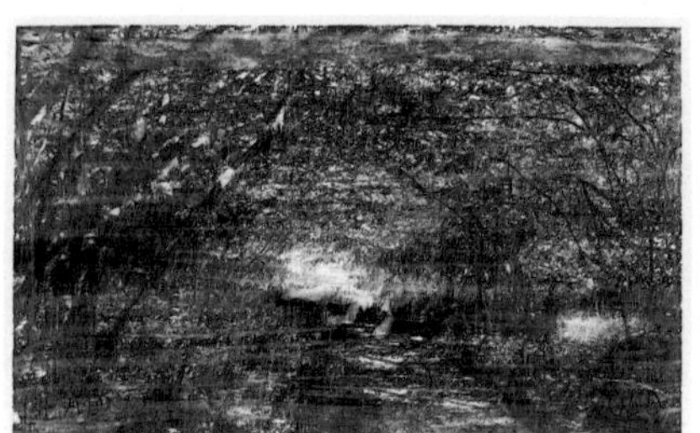

Lead and Gold III
2008
114×179 cm

Un paradis perdu

Les paysages de ruines, la nature désolée sont ainsi récurrents
dans les grands fusains. Lorsqu'ils évoquent des paysages terreux
ou des sous-bois éblouis, ceux-ci rêvent une immersion dans la
nature, le besoin de se lier avec elle, d'y être guidé ou absorbé
(*Lead and Gold* I et II, 2008 ; *Extension*, 2008 ; *Fraction*, 2009 ; *Saisie* III,
2008 ; *Lussy* II, 2010, etc.). La nature y est intériorisée, personnalisée,
souvent autobiographique. Elle est le moteur d'une rêverie
arcadienne, incarne le terrain originel du ressenti et des émotions.
L'installation *Ancholia* (2012) insiste sur la grandeur du paysage,
sur son immensité incommensurable à l'homme ou sur sa force
protectrice. Convoquant les ressorts poétiques du sublime,
Alain Huck se sert cette fois de la nature comme moyen de situer
l'être humain sur terre et face à son destin. Ailleurs, on se retrouve
plongé dans les arcanes insondables d'une forêt (*Saisie*, 2006,
Saisie II, 2007, *Saisie* III, 2008), ou projeté dans une galaxie inconnue
(*Lost*, 2007). À chaque fois, l'être se voit confronté aux forces d'une
nature contre laquelle il ne peut rien. Dépourvu de toute présence
divine, le monde que nous dépeint Alain Huck ne conduit qu'à
la mort. Et si l'apaisement de l'âme peut être envisagé, c'est
uniquement dans une possible fusion du corps avec la nature :

47

Paradise lost

Landscapes dotted with ruins and barren nature are, then, recurrent
themes of these large charcoal drawings. With their evocation of
earthy terrains or dazzling undergrowth, they dream of immersion
in nature, the need to connect with it, to be guided to or absorbed
by it (*Lead and Gold* I and II, 2008; *Extension*, 2008; *Fraction*, 2009; *Saisie*
III, 2008; *Lussy* II, 2010, etc.). Here, nature has been internalized,
personalized and is often autobiographical. It engenders an Arcadian
reverie and embodies the original topography of the perceived
and the emotions. The installation *Ancholia* (2012) emphasizes the
grandeur of landscape, its immeasurable vastness compared
with humankind, and its protective power. Summoning up the poetic
resources of the sublime, Huck employs nature here as a way of
locating human beings on earth and in relation to their destiny.
Elsewhere we are plunged into the impenetrable depths of a forest
(*Saisie*, 2006; *Saisie* II, 2007; *Saisie* III, 2008) or projected into an
unknown galaxy (*Lost*, 2007). Each time humanity is faced with the
forces of a nature against which it is powerless. Deprived of all
divine presence, the world that Huck shows us leads only to death.
If there is a way for the soul to be at peace, it can only come about
through the fusion of the body with nature: when reduced to ashes,

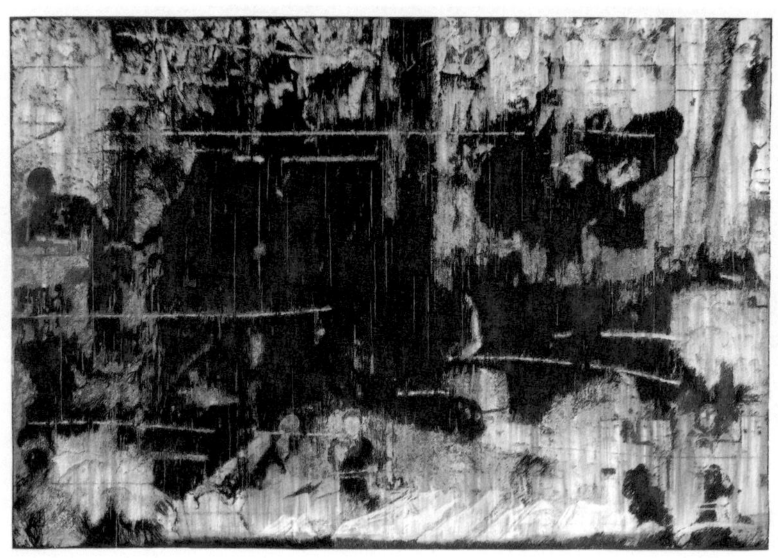

Janus, Janus!
2009
246×368 cm

lorsque réduit à l'état de cendres, ce dernier s'y répand et disparaît dans ses limbes. L'artiste oppose à cette nature vierge de croyances la toute-puissance de l'Église et ses messages providentiels. Il dénonce ainsi la tromperie des hommes, que le pouvoir ecclésiastique a volontairement endormis pour mieux leur imposer sa force (*Tragedy or Position*). Tout en portant un regard acéré sur l'état du monde, les grands fusains abordent ainsi le doute existentiel et la responsabilité de certains systèmes idéologiques dans la vision erronée de la société.

Dès ses premiers travaux, Alain Huck oppose plus généralement à la nature toute mauvaise construction sociale. À l'esprit de la modernité corseté par le mensonge, il répond par celui, libre, d'une nature vierge d'intervention. La végétation récurrente se voit tantôt abordée comme un paradis originel perdu, un *hortus conclusus* habité ou hanté par l'enfance, tantôt comme le terrain de l'émergence subite d'une nature tumultueuse et inquiétante. Mais qu'elle ait supporté le bonheur ou le drame, celle-ci est toujours empreinte d'une mémoire. Une telle vision ambivalente du jardin renvoie, dans la trajectoire de l'artiste, au temps, serein, de l'enfance – avant douze ans –, à un âge apaisé et heureux. L'odeur des feuilles, la profusion des fleurs, leurs couleurs et leur beauté ravivent chez

49

it will spread out and vanish into its limbo. The artist confronts a nature devoid of creeds with the all-powerful Church and its messages of providence. Thus, he denounces the trickery whereby mankind has been deliberately sedated by the ecclesiastical power, the better to impose its will (*Tragedy or Position*). While incisively observing the state of the world, these large charcoal drawings thus deal with existential doubt and the responsibility of certain ideological systems for the erroneous vision of society.

The dichotomy between nature and all bad forms of social construct has been a general theme for Alain Huck since his earliest works. His answer to the spirit of modernity, constrained by its corset of lies, is the free spirit of a natural and unadulterated world. The recurrent vegetation that we see is treated either as an original paradise lost, a *hortus conclusus* inhabited or haunted by childhood, or as the terrain for the sudden eruption of a tumultuous and unsettling nature. Whether it has borne happiness or tragedy, nature always bears the imprint of a memory. This ambivalent vision of the garden looks back, within the artist's own experience, to his peaceful childhood —prior to the age of twelve—a calm and happy time. For Huck, the scent of leaves, the profusion of flowers, their colors and beauty, revive memories of his father, a horticulturalist, and the special

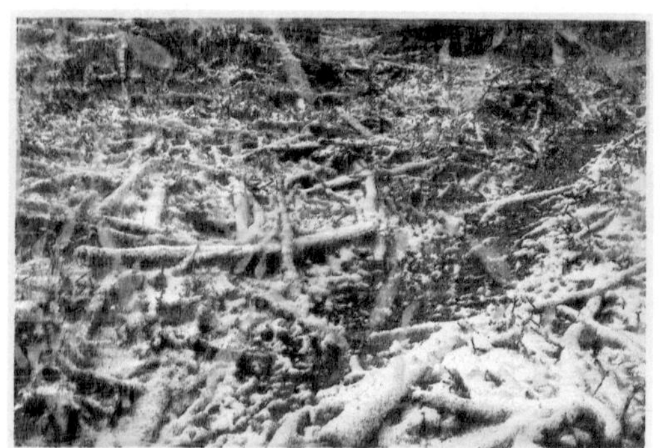

Fraction
2009
151×218 cm

Alain Huck le souvenir du père, horticulteur, et le contact privilégié avec la nature qu'ils eurent tous deux, avant qu'il ne décède prématurément. Autant qu'à la quiétude, le motif de la nature est donc intimement lié à la notion de perte. Dans l'imaginaire de l'artiste, le temps du jardin précède celui de l'accès au livre, lui-même associé à une époque ayant succédé à la perte du père. Dès l'âge de douze ans, Alain Huck découvre la lecture, qui constitue désormais le berceau du souvenir, où les traces de la nature fleurie seront systématiquement repérées. Cela donne lieu, en 2012, à la publication de *L'Inspection des roses,* un collage de quatre-vingt-deux extraits de littérature, visant une prolifération artificielle du végétal[12]. Mais la littérature est aussi l'endroit où se rejouent en continu le deuil et la fin du monde. L'installation *Eden Eden Eden* (2012) présente, sur une estrade saturée de la lumière d'un projecteur, des agaves en pot emballés dans des sacs plastiques, dont les feuilles ont été incisées pour y inscrire le nom du jardin paradisiaque. Loin d'évoquer la joie du paradis originel, les plantes épineuses, scarifiées, font ici référence à l'œuvre de Pierre Guyotat *Eden Eden Eden*, où la

12 Ces extraits de textes ont été publiés dans un livre d'artiste accompagnant l'exposition du Centre culturel suisse de Paris (3 février–15 avril 2012): *Alain Huck, Ancholia,* Paris, Centre culturel suisse, 2012

51

contact with nature that they enjoyed together before his father's premature death. Thus, the nature motif is intimately linked not just to tranquility but also to the notion of loss. In Huck's imagination, the era of the garden precedes that of access to books, which itself is associated with a time after the loss of his father. At the age of twelve Huck discovered reading, and from then on it constituted the cradle of memory, where the traces of flourishing nature are systematically marked out. In 2012 it gave rise to the publication of *L'inspection des roses,* a collage of eighty-two literary extracts with its sights set on an artificial proliferation of vegetation.[12] Yet literature is also the place where mourning and the end of the world are constantly being played out. On a stage saturated with light from a projector, his *Eden Eden Eden* installation (2012) presents agaves in pots, wrapped in plastic bags, their leaves incised with the name of the garden of paradise. Far from evoking the joy of the original paradise, these spiky, scarred plants refer here to Pierre Guyotat's *Eden Eden Eden,* in which monstrosity is linked to the pleasures of the flesh, within a hallucinatory, infernal universe.

12 These text extracts were published in an artist's book that accompanied the exhibition at the Swiss Cultural Center in Paris (February 3–April 15, 2012): *Alain Huck, Ancholia,* Paris: Centre culturel suisse, 2012

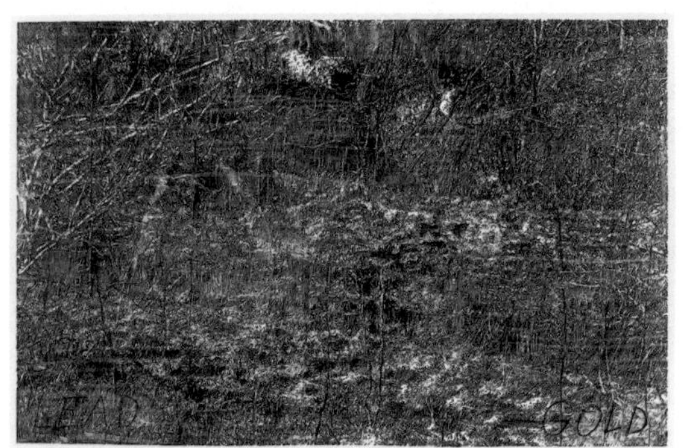

Lead and Gold IV
2009
150×229 cm

monstruosité s'associe au plaisir de la chair, dans un univers halluciné et infernal. Avec *M Marzabotto* (2008), ces terres de cendres prennent l'allure d'un vrai champ de bataille, vestiges ou traces embuées d'une blessure enfouie de l'humanité[13]. Tandis que le dessin présente un paysage anonyme, le titre renvoie au drame, ravivant ainsi la mémoire des hommes. Dans *Hortus conclusus* (2008), Alain Huck revisite la thématique médiévale du paradis perdu, superposant au jardin une spirale chaotique rappelant les amphithéâtres des académies ou de la tragédie grecque. Çà et là affleurent les têtes d'enfants, piégés dans cette architecture. Le calme originel du jardin, le lieu *princeps* de l'enfance, sont ici dominés par un enfermement bruyant et infernal, sans issue, retranchant l'être humain du monde des vivants. Si l'hémicycle se fait évocateur d'un système sociétal normé auquel l'adulte se voit inévitablement confronté, l'*hortus conclusus* incarne le lieu désormais troublé et inaccessible de la protection et de l'amour – il est au Moyen Âge associé à la Vierge Marie et à la pureté qui la qualifie. Dans ce dessin, la confrontation de la nature à la culture, le passage chaotique de

13   Le titre fait référence au massacre des civils
       perpétré en octobre 1944 par la Waffen SS
       près de Bologne en Italie.

53

In *M Marzabotto* (2008), these lands of ash take on the appearance of an actual battlefield, with muddied remnants and traces of humanity's buried wounds.[13] While the drawing offers us an anonymous landscape, its title refers to an actual dramatic episode and, in so doing, revives human memory. In *Hortus conclusus* (2008), Huck revisits the medieval theme of paradise lost, superimposing on the garden a chaotic spiral structure that recalls the amphitheaters of academies or of Greek tragedy. Here and there, children's heads can be seen, trapped inside this architecture. The pristine repose of the garden, the original place of childhood, is dominated by a noisy and infernal enclosure with no way out, which cuts the human being off from the world of the living. While the hemicycle suggests a normalized social system that adults will inevitably be confronted with, the *hortus conclusus* embodies the place of protection and love, now troubled and inaccessible—in the Middle Ages it was associated with the Virgin Mary the purity that defines her. Yet in this drawing the confrontation between nature and culture, the chaotic passage from one to the other, evokes a sense of how ill-adapted

13   The title refers to the massacre of civilians
       by Waffen-SS forces near Bologna, Italy,
       in October 1944.

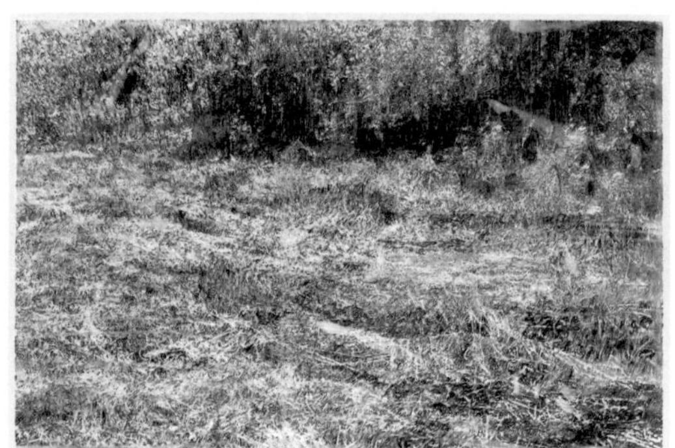

Lussy
2009
150×225 cm

l'un à l'autre évoque pourtant un sentiment d'inadaptation de l'être au monde. Avec *Edenblock* (*Tragedy or Position,* 2011) enfin, le dessin fait par son titre allusion au jardin paradisiaque, tout en présentant une nature suffocante et artificiellement grandie. Lieu de l'amour et lieu de pertes, le jardin clos constitue ainsi toujours pour Alain Huck à la fois un lieu de danger et une source de plénitude.

55

humans are for the world. With *Edenblock* (*Tragedy or Position,* 2011), finally, the title of the drawing alludes to the garden paradise while at the same time presenting a nature that is suffocating and artificially enlarged. For Huck the enclosed garden, a place of love and of loss, will always be a place of danger that is also a source of plenty.

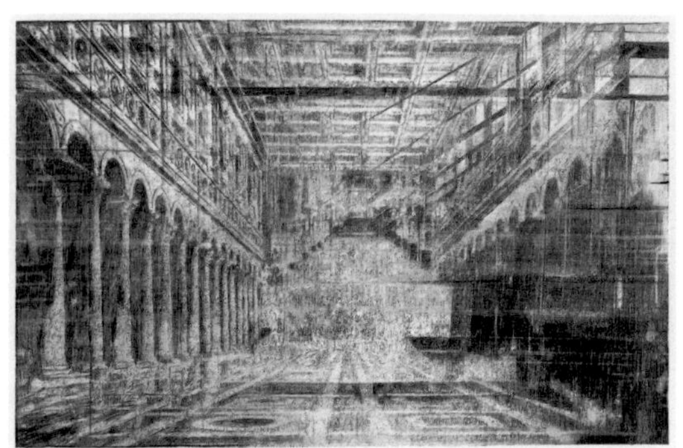

Nef
2009
150×230 cm

Rousseau, l'aveugle et le voyant

On le voit, l'inscription de l'être humain dans la société prend dans
les grands fusains l'allure d'une difficile cohabitation, d'un rêve
déchu, d'un univers chahuté par des jeux de pouvoir, montrant
la nature fondamentale de l'homme toujours en porte-à-faux avec
la civilisation qui est la sienne. Cet impossible ancrage prend la
forme d'une instabilité, d'un trait vibrant souvent brouillé, l'artiste
proposant le plus souvent une forme morcelée ou scarifiée de
la représentation. Directement associé au médium photographique,
le flou de l'image renvoie ici aux premières expériences picturales
de Gerhard Richter qui, en 1965 déjà, traduisait la photographie
trouvée en une représentation volontairement brumeuse et
imprécise, brouillant les pistes du document fait œuvre. Songeons
en premier lieu à *Tisch* (1962)[14], mais aussi aux peintures abordant
la mort ou la destruction à partir de photographies d'archives.
Biffant littéralement ses *Porteurs de cercueils* (1962), amputant
l'adjectif «tote» (morte) d'une composition mêlant le texte à
la représentation d'une défunte écrasée par un bloc de glace (1963),
il abordera par la suite une série d'œuvres dédiées aux affres de la

14   Thierry Davila, « Une œuvre de destruction.
      Gerhard Richter s'attaque à la peinture », *op. cit.*

57

Rousseau, the blind man and the seer

As can be seen in these large charcoal drawings, human beings'
integration within society is presented as a fraught coexistence, a
broken dream, a universe disrupted by power games, where the
fundamental nature of the human being is shown to be constantly
at odds with its own civilization. This inability to find anchorage
translates into instability, a vibrant line that is often smudged, with
the artist generally offering a fragmented or scarified form of the
represented object. The fuzziness of the image has direct associations
with the medium of photography; in this case, it refers back to
Gerhard Richter's first pictorial experiments. By 1965 he was already
transposing found photographs into representations that were
deliberately foggy and imprecise, thereby covering the tracks of the
document-turned-artwork. We think, in the first instance, of *Tisch*
(1962),[14] but also the paintings that deal with death and destruction,
using archival photos as their starting point. After literally wiping
away his *Coffin Bearers* (1962) and amputating the word "tote" (dead)
from a composition that combines the text with a representation of
a dead person, crushed by a block of ice (1963), Richter then embarked

14   Thierry Davila, "Une œuvre de destruction.
      Gerhard Richter s'attaque à la peinture," *op. cit.*

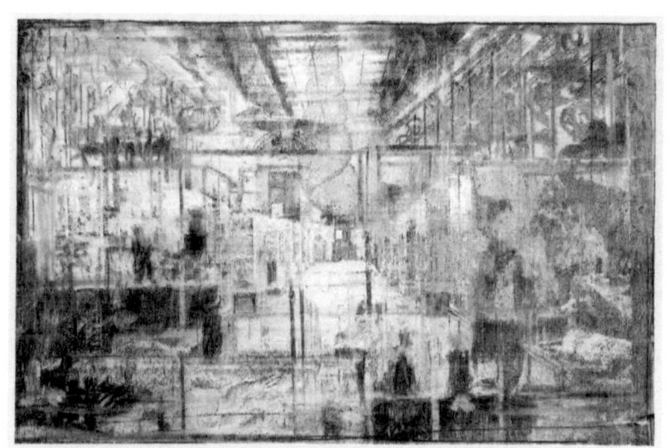

État
2009
151×225 cm

Deuxième Guerre mondiale. Le floutage lui sert ici de rature ou
de barrière empêchant l'accès direct au motif, mais il est aussi
le moyen de le déconstruire. Cette déconstruction resurgit dans
les compositions d'Alain Huck, où se matérialisent en continu
un défaut de vision, une forme de maladie de l'œil. Au-delà de la
superposition des motifs, l'œil bute contre des obstacles le privant
de l'accès direct à la représentation. Les tremblements, saccades,
enchevêtrements, taches ou brouillage mettent ainsi en scène une
forme d'aveuglement ou, à l'inverse, de retour progressif à la vue,
qui se voit tantôt assigné au spectateur, à l'artiste ou au dessin
lui-même «se rendant» visible. En 2006 déjà, la vidéo *No See No Bomb*
consistait en un effacement progressif du paysage par l'artiste, dont
le souffle embuait de manière répétitive l'horizon jusqu'à la tombée
de la nuit. De cette manière, Huck aborde la complexité de notre
perception souvent entravée du monde environnant. Certaines
compositions masquées en leur centre suscitent l'impression d'un
«scotome central», engendrant une vision latérale des choses :
c'est le cas, dans la tétralogie *Tragedy or Position,* de *Nebula* (2011),
où l'ombre mystérieuse de la Nébuleuse du crabe masque la vision
de la composition peinte sur le plafond du Palais Barberini de Rome.
Le défaut de vision thématise alors la tromperie, la dissimulation

59

on a series of works devoted to the agonies of World War II. Here,
the blurring acts as an erasure, a barrier preventing direct access
to the motif, but is also the means of deconstructing it. This
deconstruction resurfaces in Huck's compositions in which a sight
defect, a kind of eye complaint, constantly manifests itself. Over
and above the superimposed motifs, the eye encounters obstacles
that bar direct access to the represented object. Tremors, judders,
tangles, stains, and interferences stand for a form of blindness or,
conversely, a progressive recovery of sight attributed to the viewer,
the artist, or the drawing "rendering" itself visible. In 2006 his video
No See No Bomb already presented the gradual obliteration of the
landscape by the artist, whose breath repeatedly mists over the
horizon, until nightfall. Huck thus addresses the complex and often
restricted way in which we perceive the world around us. In some
compositions the center is blotted out, producing the effect of a
central scotoma, whereby sight is limited to lateral images: examples
include the *Tragedy or Position* tetralogy, and *Nebula* (2011), where the
mysterious cloud of the Crab Nebula hides the composition painted
on the ceiling of the Barberini Palace in Rome. This faulty vision
thus foregrounds the trickery, the deliberate concealment of
the reality of the world: the ceiling owes its existence to Pope Urban

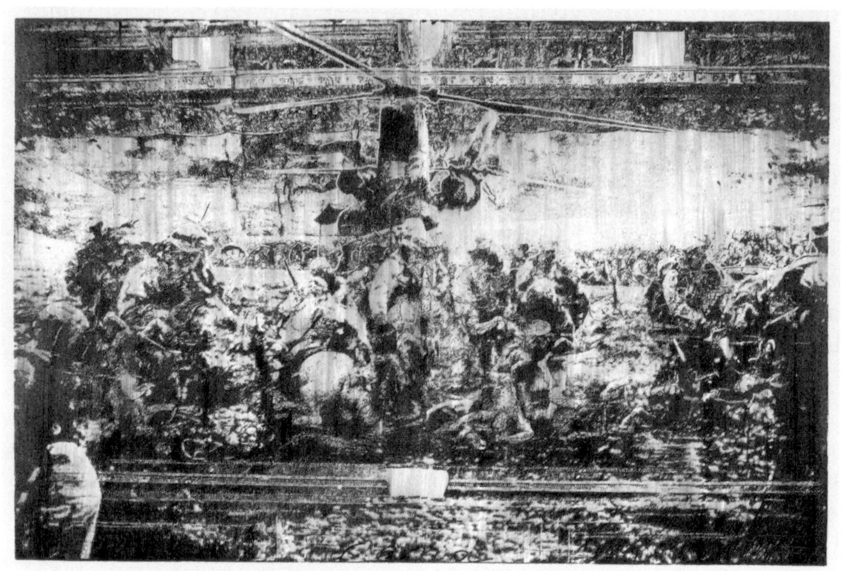

Le banquet
2010
251×370 cm

délibérée de la réalité du monde : le décor romain doit sa réalisation
au pape Urbain VIII, qui avait réaffirmé par cette commande la toute-
puissance de l'Église, au moment même de sa condamnation
virulente des thèses de Galilée. La présence de l'ombre rappelle
que la nature – l'ordre naturel des choses – ne peut pas être domptée
par l'homme. Dans la composition, celle-ci prend alors la forme
d'une «tache aveugle», au sens d'une restriction du spectre, d'une
œillère que l'Église aurait tenté d'imposer aux hommes, lui rendant
impossible la vision de la réalité du monde. Dans *Acte* (2011),
la dépouille animale vient obstruer le champ de vision, comme
la Nébuleuse du crabe celle du plafond peint romain. Dans *Locus solus*
(2008), *La butte* (2006), *Extinction* (2008) ou *Affection* (2010), la tache
s'étend aux trois-quarts de la composition. L'abstraction croissante
du dessin met ici en scène une impression de cécité, également
présente dans d'autres dessins élaborés à partir de documents source
volontairement «surexposés», évoquant cette fois le phénomène
de la photophobie, que suscite une luminosité exacerbée (*La fosse,*
2006; *Le champ,* 2006). Tout en ravivant le souvenir des deux fléaux
subis, la lacération du *Triomphe de la mort* de Pise dans les deux
versions de *Kuroi Ame* met en scène un autre défaut de vision encore,
une forme de nystagmus – ce mouvement oscillatoire involontaire

61

VIII, who commissioned it, thereby reaffirming the Church's
dominion at the very moment he was condemning Galileo's theory
of heliocentrism, which challenged humanity's place at the center
of the universe. The presence of the shadow reminds us that nature
—the natural order of things—cannot be tamed by humans. In this
composition it assumes the form of a blind spot: a restricted
spectrum, a blinker that the Church has sought to impose on
humankind, making it impossible for people to see the world as it
really is. In *Acte* (2011), the animal remains obstruct the field of view
just as the Crab Nebula blocks out the painted Roman ceiling. In
Locus solus (2008), *La butte* (2006), *Extinction* (2008), and *Affection* (2010),
the stain covers three-quarters of the composition. The growing
abstraction of the drawing creates an impression of blindness that
is also present in other drawings, produced on the basis of source
documents which have been deliberately overexposed, evoking the
phenomenon of photophobia produced by overexposure to light
(*La fosse,* 2006; *Le champ,* 2006). While reviving the memory of the two
disasters, the laceration of the *Triumph of Death* in Pisa in the two
versions of *Kuroi Ame* presents another form of visual defect, a form
of nystagmus—in which the eyes jump around involuntarily, making
it difficult to focus. Here—as elsewhere—although the drawing

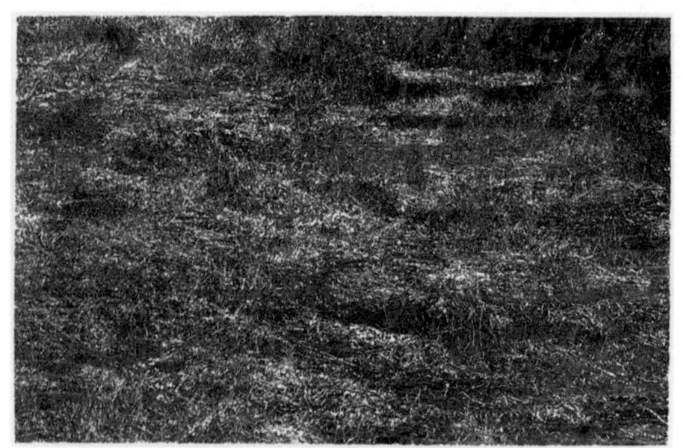

Lussy II
2010
151×226 cm

du globe oculaire obstruant la vision. Ici comme ailleurs, bien que
le dessin empêche de voir, le collage thématique et temporel proposé
fait simultanément émerger un jeu nouveau de correspondances,
offrant de «voir» l'Histoire autrement. Dans un mouvement
oscillatoire entre le caché et le dévoilé, l'artiste oppose une vision
plate (la tache, le floutage, les stries) aux effets de profondeur
que suscitent les strates des motifs enchevêtrés. Plusieurs dessins
(*Edenblock*, 2011; *Nef*, 2009; *Déposition*, 2010) jouent en effet sur la
densité de la matière autant que sur l'égarement de l'œil. Immergé
dans les strates de l'image, celui-ci s'engage naturellement à en
exhumer les composantes, à en discerner progressivement les
différents acteurs. Butant contre l'obstacle, le regard conduit alors,
paradoxalement, à l'identification des formes que l'artiste a fait se
rencontrer. Les dessins au fusain contiennent ainsi l'idée d'un caché-
dévoilé, d'une forme d'*apokálupsis* (littéralement «dé-caché»). Mais
s'ils sont toujours sous-tendus par une temporalité eschatologique,
laissant entrevoir la fin du monde ou la sienne propre, la perte de
repères est aussi intimement liée à une prise de conscience, à une
revelatio. Certains fusains évoquent de manière explicite le moment
interstitiel des limbes, un temps suspendu, incertain, entre vie et mort.
Par son titre, *Suspension* (2008) ancre ainsi la scène dans une forme

63

prevents seeing, the thematic and temporal collage that is offered up
also creates new connections, which interact and propose a different
way of "seeing" history.
Through this oscillation between the hidden and the revealed, Alain
Huck sets a plane view (stains, blurring, streaks) against the effects
of depth achieved by the layers of jumbled motifs. Several drawings
(*Edenblock*, 2011; *Nef*, 2009; *Déposition*, 2010) are, in fact, playing as
much with the density of the material as with visual disturbance.
Immersed in the layers of the image, the eye naturally starts picking
out its component parts, gradually discerning the different agents.
As it comes up against the obstacle, the eye is led, paradoxically,
to identify the forms that the artist has juxtaposed. These charcoal
drawings thus contain the notion of something hidden yet revealed,
an apocalypse (literally, un-hiding). They are always underpinned
by an eschatological temporality, which offers a foretaste of the end
of the world or our own existence; but the loss of reference points
is also intimately bound up with a growing awareness, a *revelatio*.
Some of the charcoal drawings explicitly evoke the interstitial limbo
stage: a suspended, uncertain time between life and death. In its
very title, *Suspension* (2008) thus anchors the scene in a state of
weightlessness, an infinite and fugitive temporality. *Récidive* (2011)

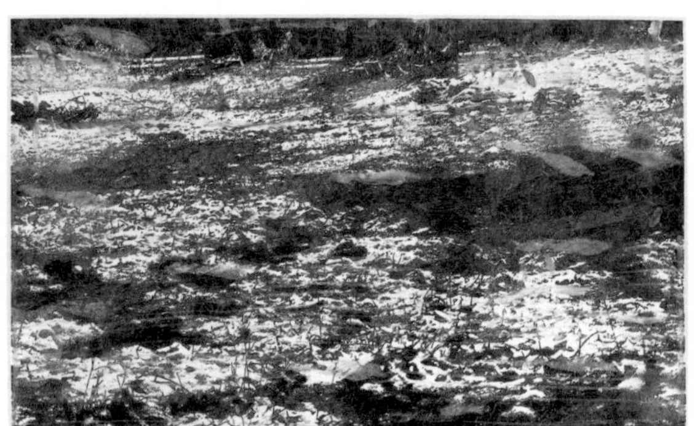

Fraction II
2010
151×246 cm

d'apesanteur, dans une temporalité infinie et fugitive ; *Récidive* (2011), allie en une seule composition l'alpha et l'oméga, associant deux peintures évocatrices du jaillissement vital et de son extinction (*La source de la Loue* et *L'île des morts*) ; dans les deux versions de *Kuroi Ame,* la pluie acide superposée au *Triomphe de la mort* induit enfin une forme hermétique de traversée du miroir, une fin du monde sans providence, la mort triomphant, comme annoncé, dans le cataclysme de Hiroshima. Les dessins «suspendus» ou souterrains laissent ainsi entrevoir les contours sombres et indéfinis d'un au-delà obscur et vide, suggèrent l'ultime destination de l'être vers laquelle toutes les forces convergeraient.

Le thème de l'aveuglement ou de la distorsion oculaire est donc, chez Alain Huck, ontologiquement associé à l'univers du deuil. Traversant l'ensemble des grands dessins au fusain, le tremblement rétinien prend sa source dans un dessin à l'encre intitulé *La chambre* (2004). Celui-ci évoque la vision tragique du fils de l'artiste, décédé des suites d'un cancer en 2003, gisant sur son lit. La dissociation de la ligne engendre ici un brouillage chaotique, comme pour manifester une incapacité à se remémorer l'intolérable souvenir, à faire face à la disparition. Mais la perception du réel, l'habileté ou non à le saisir visuellement, ou les mécanismes de l'œil, tantôt amputé, tantôt

65

allies alpha and omega in a single composition, which combines two paintings suggestive of the emergence of life and its extinction (*Source of the Loue* and *Isle of the Dead*). In the two versions of *Kuroi Ame,* the acid rain that is superimposed onto the *Triumph of Death* creates a hermetic kind of through-the-mirror effect, an apocalypse with no divine providence, the triumph of death, as announced in the disaster of Hiroshima. Thus, these "suspended" or subterranean drawings afford us a glimpse of the dark and indefinite contours of an obscure and empty "beyond," suggesting humanity's ultimate destination towards which all forces are converging.

For Alain Huck the theme of blindness or visual distortion is ontologically associated with the world of bereavement. The visual disturbance that runs through all these large charcoal drawings has its origin in the ink drawing *La chambre* (2004): a tragic vision of the artist's son, who died of cancer in 2003, laid out on his bed. In this case, the dissociated lines produce a chaotic confusion, as if to demonstrate his inability to relive this unbearable memory, to face up to his son's death. However, the mechanics of the eye, which are at times amputated, at times skewed or hallucinated, have been a central preoccupation of Huck's since his earliest years. In a poem that he wrote in 1994 and inserted into the sequence of 269

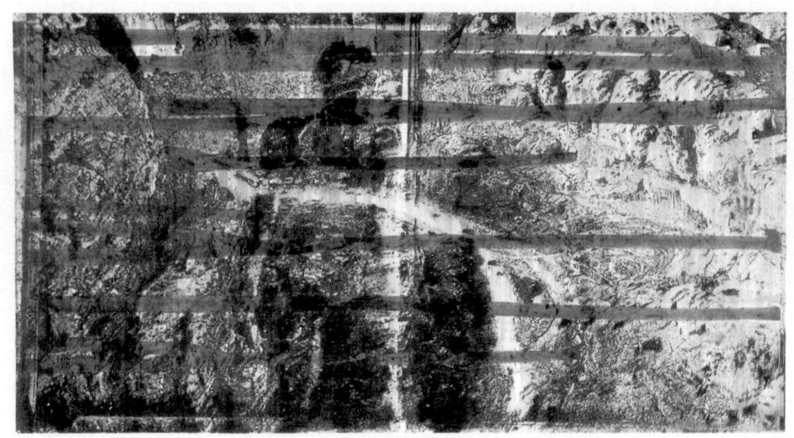

Théâtre
2010
195×370 cm

biaisé ou halluciné font, dès les premières années, l'objet d'une préoccupation centrale de l'artiste. Dans un poème rédigé en 1994, inséré dans la suite des 269 dessins de *VSH* (1993–2007), Alain Huck dénonce déjà la partialité de notre vision du monde :

> Les yeux sont
> loin l'un de l'autre mais nous sommes des cyclopes
> regardez comme si Ulysse allait débarquer tous les soirs
> sentez vos cellules
> prêtes à sécréter
> mais les yeux sont
> loin l'un de l'autre et nous sommes des cyclopes
> les pupilles grandes bleues et ouvertes
> dans le trou unique et vide
> vos yeux sont
> loin l'un de l'autre et nous sommes des cyclopes[15].

15   *Odyssée*, (VSH 243), 2005, Collection du Fonds
      municipal d'art contemporain, Genève,
      cf. Alain Huck, *Vite soyons heureux il le faut je le veux*,
      Zurich, jrp|ringier, 2007

67

drawings in *VSH* (1993–2007), he is already denouncing our partial view of the world:

> The eyes are
> far apart but we are Cyclops
> look as if Ulysses was going to disembark every evening
> feel your cells
> ready to secrete
> but the eyes are
> far apart and we are Cyclops
> the pupils blue and open wide
> in the unique and empty hole
> your eyes are
> far apart and we are Cyclops.[15]

15   *Odyssée*, (VSH 243), 2005, Collection du Fonds
      municipal d'art contemporain, Genève,
      cf. Alain Huck, *Vite soyons heureux il le faut je le veux*,
      Zurich, jrp|ringier, 2007, (translated by Sarah
      Tolley)

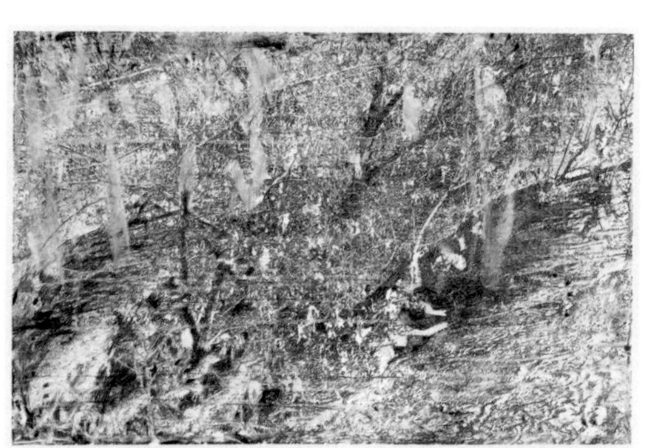

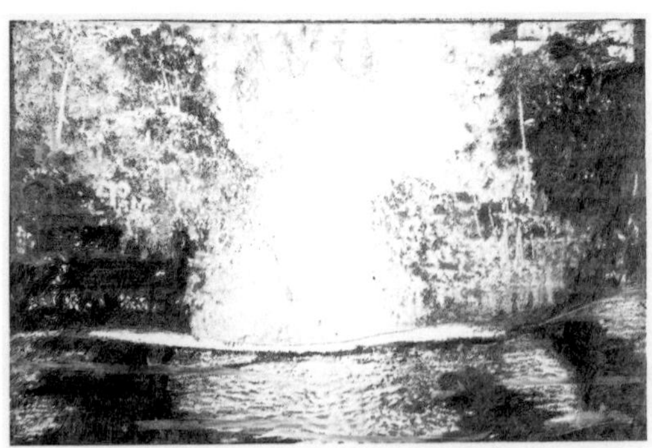

Déposition
Tevere
2010
151×225 cm
Affection
2010
151×225 cm

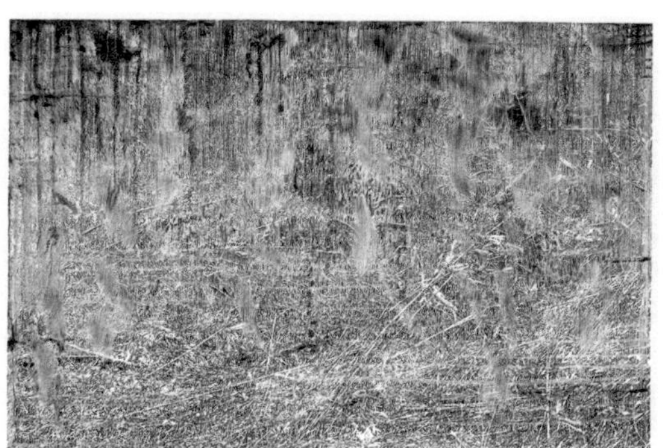

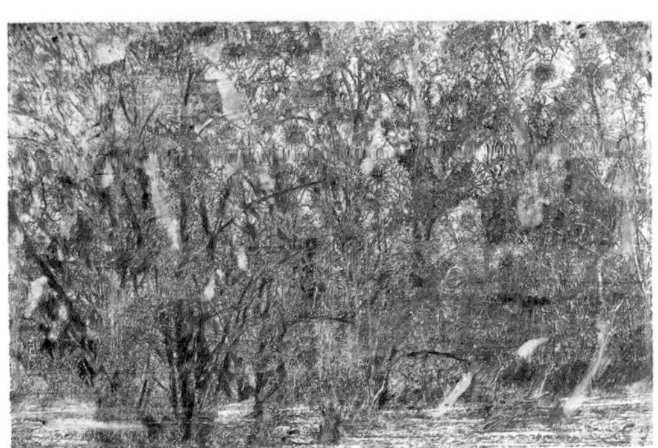

Déposition
Déposition
2010
151×225 cm
Le souffle
2010
151×225 cm

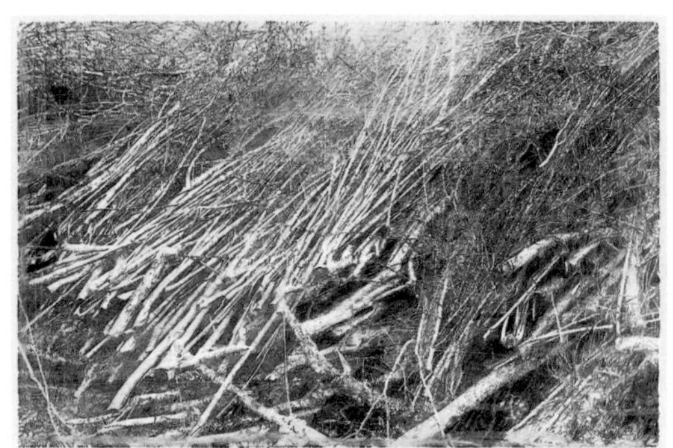

Élie
2010
150×225 cm

Dans ce texte, comme dans *De l'œil gauche à l'œil droit* (VSH 110, 1997),
l'artiste rappelle que la dualité de la vision nous est physiologiquement
constitutive. Or, en dépit de notre vision stéréoscopique du monde,
nous ne parvenons pas à voir en trois dimensions, à saisir la
profondeur de champ qui nous est offerte. L'être subit une restriction
du spectre rétinien, chacun de nous étant réduit à une perception
cyclopéenne du monde. Sur ce constat, l'artiste met en scène
la vision dédoublée, que ce soit par l'entremise d'un motif répété
(*Moremort*, 2008) ou de la division même du trait (VSH 109, 1997;
Division, 2008)[16]. La dissociation bipartite est aussi celle qui forme
le point d'orgue de l'œuvre. Sous la forme d'un diptyque, *Mens* et *Songe*
(VSH 267 et 268, 2007) représentent chacun le contour d'un
hémisphère du cerveau comblé par l'un des deux mots typographiés
de façon sérielle à l'intérieur. Ici, mieux que partout ailleurs,
l'artiste souligne combien à ses yeux la réunion des extrêmes reflète
une utopie pourtant constitutive de notre être, l'association ne
pouvant donner lieu qu'à un «mensonge». Dernier dessin de la série,
la pièce fait écho au mensonge du titre de l'œuvre, *Vite soyons heureux
il le faut je le veux*, une injonction qui énonce sur le ton ironique

16 Julie Enckell Julliard, « La friction et le double »,
   op. cit., p. 5

71

In this text, as in *De l'œil gauche à l'œil droit* (VSH 110, 1997), Huck reminds
us that dual vision is part of our physiology. However, in spite of our
stereoscopic view of the world, we are not capable of three-dimensional
sight, of grasping the depth of field that is offered to us. Our retinal
spectrum is restricted; each of us is reduced to a cyclopean perception
of the world. Armed with this insight, he produces a duplicated
vision, either by applying a reiterated motif (*Moremort*, 2008) or by
dividing the actual line (VSH 109, 1997; *Division,* 2008).[16] This bipartite
disassociation is also the culmination of the work. Taking the form
of a diptych, *Mens* and *Songe* (VSH 267 and 268, 2007) each represent the
contours of a hemisphere of the brain, supplemented with one or two
words typed in serial fashion inside it. Here, more than anywhere
else, Huck underscores how far, in his view, the meeting of extremes
reflects a utopia that has nevertheless made us the way we are, since
the association can only produce a "lie." The last drawing in this
series echoes the lie in the title, *Vite soyons heureux il le faut je le veux*—
an injunction that spells out a program which is impossible
to sustain, spoken in tones of ironic self-conviction, as if happiness
could be assured merely by wishing for it.

16 Julie Enckell Julliard, "La friction et le double,"
   op. cit., p. 5

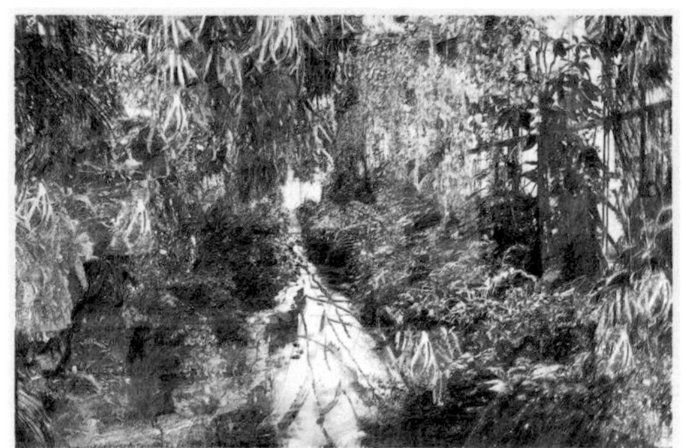

Edenblock II
2010
150×225 cm

de l'auto-conviction un programme impossible à tenir, voulant
que le bonheur soit régi par la simple volonté humaine.
Constitutive d'une interrogation plus large de l'artiste sur le visible,
la notion de dualité amorce l'immense répertoire de *VSH* (1993–2007),
où un double autoportrait s'accompagne de l'affirmation suivante
«Je peux m'en aller très loin puisque voici l'image» (*VSH 0, 1993*).
Jacques Derrida, auteur d'une exposition et d'un livre à thèse intitulés
Mémoires d'aveugle, compare l'artiste à ces derniers :
«C'est une des raisons pour lesquelles un dessinateur est toujours
intéressé par les aveugles : c'est son intérêt même, il est intéressé,
c'est-à-dire aussi engagé parmi eux. Il appartient à leur société,
prenant tour à tour les figures de l'aveugle voyant, de l'aveugle
visionnaire, du guérisseur ou du sacrificateur, je veux dire de celui
qui prive de la vue pour donner enfin à voir et témoigner de la
lumière[17].» Rappelant l'analogie établie par Platon entre le soleil et
l'œil, Derrida décrit la cécité comme un «éblouissement en
abyme[18]». Ainsi le dessinateur est-il à la fois un aveugle et un
voyant, le dessin un aveuglement aussi bien qu'une révélation.

17 Jacques Derrida, *Mémoires d'aveugle.*
    L'autoportrait et autres ruines, Paris, Réunion
    des musées nationaux, 1990, p. 25

18 Platon, *La République,* 508 b : «l'œil est, je pense,
    de tous les organes des sens, celui qui ressemble
    le plus au soleil», cité dans Jacques Derrida,
    op. cit., p. 22

73

The notion of duality introduces a broader interrogation of the visible
and gives rise to the vast repertoire of *VSH* (1993–2007), in which
a double self-portrait is accompanied by the affirmation "I can go
very far away because here's the picture" (*VSH 0, 1993*).
The author of an exhibition and a philosophical work entitled
Mémoires d'aveugle (Memoirs of the Blind), Jacques Derrida compares
the artist to a blind man:
"This is one of the reasons why a draftsman is always interested in
the blind; they are his very interest, he is interested, meaning he is
engaged among them. He belongs to their society, taking up in turn
the roles of the seeing blind man, the visionary blind man, the
healer, or the sacrificer—by which I mean someone who takes away
sight in order to show or allow seeing and to bear witness to the
light."[17] Recalling the analogy that Plato drew between the sun and
the eye, Derrida describes blindness as a "dazzlement *en abyme*."[18]
Thus, the draftsman is both blind man and seer, his drawing a form
of concealment as much as a revelation. Indeed, this is one aspect
that overlaps with Huck's personal history, given that, as the

17 Jacques Derrida, *Mémoires d'aveugle.*
    L'autoportrait et autres ruines, Paris:
    Réunion des musées nationaux, 1990, p. 25
    (translated by Sarah Tolley)

18 Plato, *Republic,* 508 b: "But [the eye] is, I think,
    the most sun-like of all the instruments of sense,"
    quoted in Jacques Derrida, *op. cit.,* p. 22

Tragedy or Position
Tragedy
2011
271×400 cm

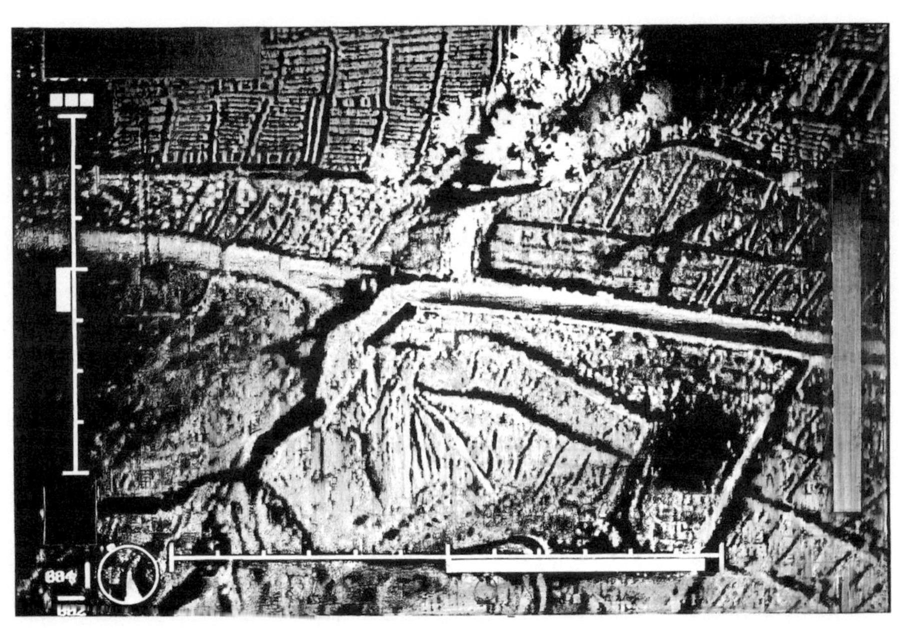

Tragedy or Position
Position
2011
271×400 cm

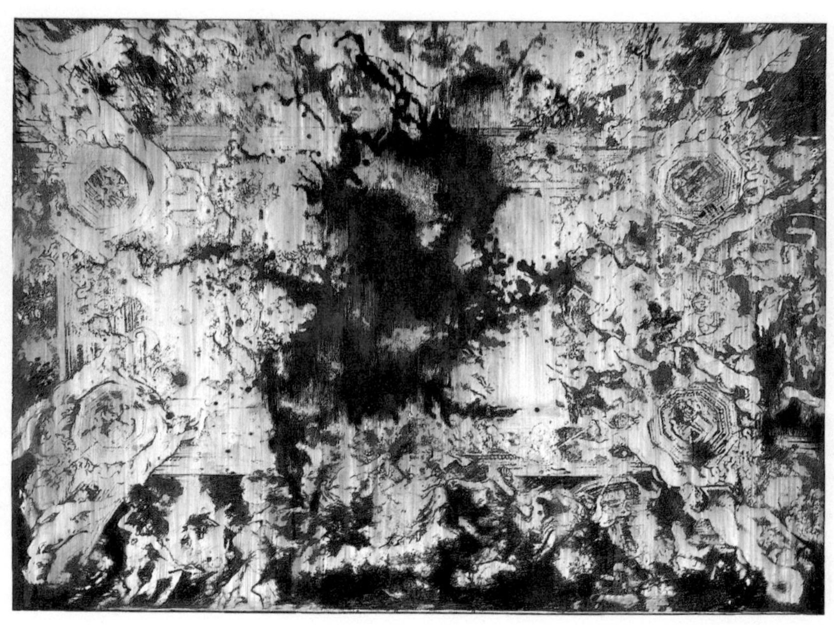

Tragedy or Position
Nebula
2011
271×400 cm

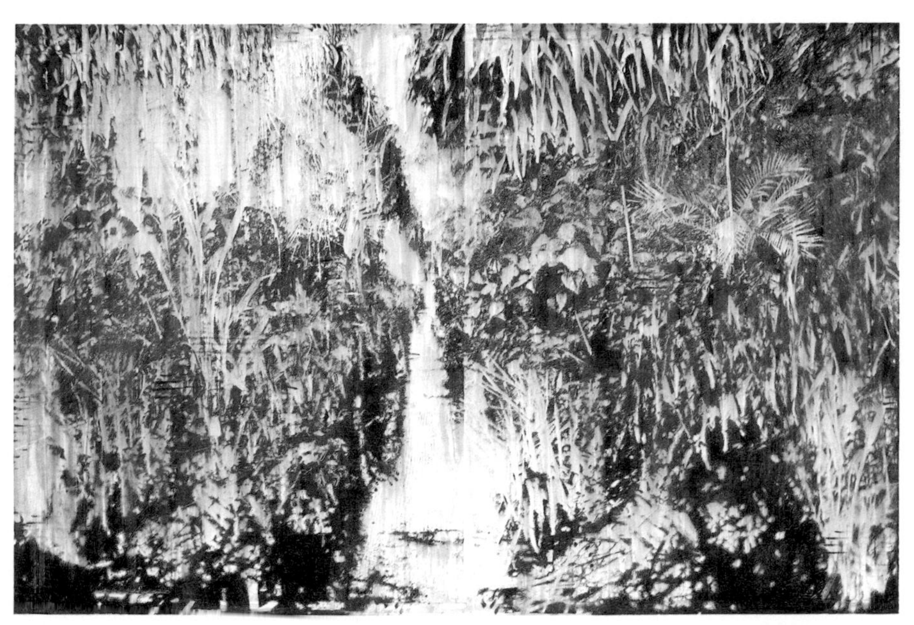

Tragedy or Position
Edenblock
2011
271×400 cm

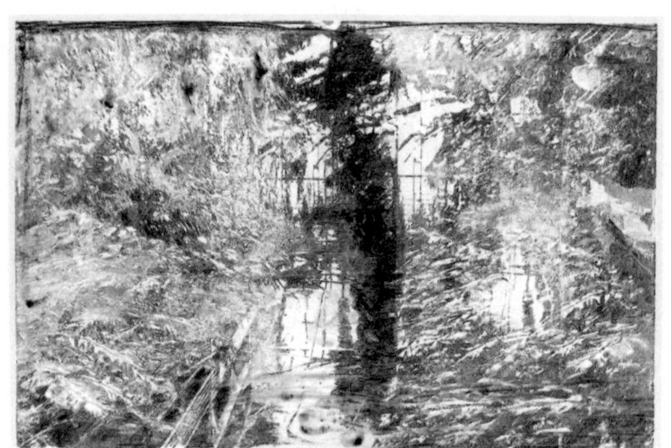

Edenblock III
2011
151×223 cm

Il faut sans doute déceler une seule coïncidence avec l'histoire
personnelle d'Alain Huck dans le fait que, comme le rappelle
le philosophe, la cécité est, dans un récit apocryphe, étroitement
liée à la relation père-fils. Le philosophe cite l'exemple de Tobit,
rendu aveugle par de la fiente d'oiseau reçue dans les yeux. Son fils
Tobias le guérit de la cécité avec du fiel de poisson, suivant les
préceptes de l'Archange: «Le fils est la lumière, l'œil supplémentaire
ou excessif du père, le guide de l'aveugle, son bâton même, mais
aussi celui de la mère en larmes qui le rappelle sans cesse[19].» Alain
Huck, plongé dans la nuit à la perte de son fils, se remet peu à peu
à voir par le dessin. Cet aveuglement à la fois prégnant et nécessaire à
la vision de la vérité est aussi celui, sur le plan philosophique,
évoqué par Rousseau, qui condamne les hommes éblouis par les
leurres du pouvoir. Jean Starobinski décrit ainsi la démarche du
philosophe:
«Les ‹fausses lumières› de la civilisation, loin d'éclairer le monde
humain, voilent la transparence naturelle, séparent les hommes
les uns des autres, particularisent les intérêts, détruisent toute
possibilité de confiance réciproque, et substituent à la communication

19   *Ibidem*, p. 34

79

philosopher reminds us, in an apocryphal story blindness is closely
associated with the father–son relationship. Derrida cites the
example of Tobit, who was blinded when bird droppings fell in his
eyes. His son Tobias cured his blindness with the gall of a fish,
following the Archangel's instructions, "The son is the light, the
supplementary or excessive eye of the father, the blind man's guide,
his staff, but also the staff of the weeping mother, who constantly
recalls this fact."[19] Huck, plunged into darkness by the loss of his
son, gradually recovers his sight by drawing. This blindness is both
pregnant with and necessary to his vision of truth and is also, on the
philosophical level that Rousseau evoked, the blindness that
condemns those dazzled by the attractions of power. Jean Starobinski
describes the philosopher's approach as follows:
"The 'false lights' of civilization, far from enlightening the world of
humans, veil what is naturally transparent, divide men one from the
other, particularize interests, destroy all possibilities for reciprocal
trust, and substitute the essential communication of souls with a
factitious commerce, denuded of sincerity."[20]

19   *Ibid.*, p. 34

20   Jean Starobinski, *Jean-Jacques Rousseau.
      La transparence et l'obstacle,* Paris: Gallimard, 1971
      [1957], p. 37 (translated by Sarah Tolley)

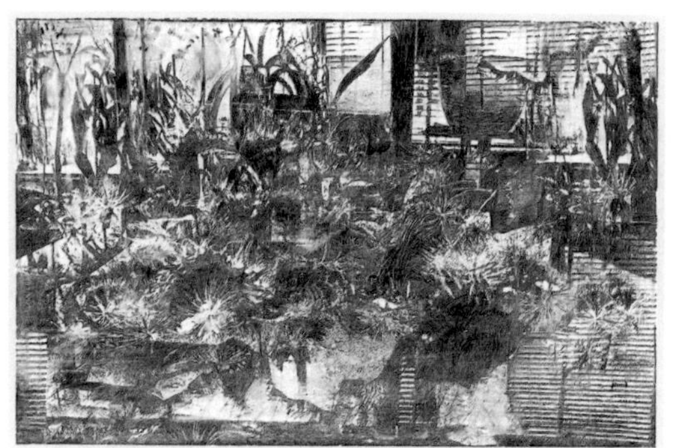

Stabat Flower
2011
151×225 cm

essentielle des âmes un commerce factice et dénué de sincérité[20].»

On le sait, le thème de l'intégrité est inhérent à la pensée rousseauiste.
Animé par l'idéal d'une ouverture des cœurs, le penseur, déçu,
opte pour le retrait. Il oppose à la transparence l'opacité, dont l'âme
humaine est la victime, dès lors qu'elle se retrouve piégée par
le mensonge du paraître. En 2011, Alain Huck rend un hommage
explicite au philosophe lors d'une intervention dans l'exposition
d'art en plein air à Môtiers (canton de Neuchâtel). Dans la cour
de l'ancien Tribunal de district, une inscription en lettres néon
portant le titre du *Contrat social* – en référence au traité de 1762 – gît
sur un tas de branches. Déposant l'enseigne à la manière d'une
simple bûche vouée au sacrifice de la calcination, Alain Huck
rappelle l'épisode tragique du séjour à Môtiers de Rousseau – il en
fut violemment chassé à jets de pierre par les villageois et ses écrits
furent condamnés par le vicaire de Montmollin[21] –, mais aussi
la modernité du contenu de l'ouvrage, prônant la liberté et l'égalité
entre les hommes avant la Révolution française. Comment considérer

20 Jean Starobinski, *Jean-Jacques Rousseau.*
La transparence et l'obstacle, Paris, Tel Gallimard,
1971 [1957], p. 37

21 Rousseau relate sa mésaventure dans
les *Confessions,* Genève, Société typographique,
1782 : livre XIII : *La lapidation de Môtiers*

81

As we know, the theme of integrity is central to Rousseau's thought.
Inspired by the ideal of hearts that are open to each other, the thinker
opted in his disappointment to become a recluse. He confronted
transparency with the opacity that the human soul is subjected
to when trapped by the lie of appearances. In 2011 Huck paid explicit
homage to Rousseau during an intervention at the open-air art
exhibition in Môtiers (canton of Neuchâtel). Inside the courtyard
of the former district law court an inscription in tiny neon letters
bore the words *du contrat social*—a reference to Rousseau's treatise
of 1762—resting on a pile of branches. Laying his sign down like a
mere log destined for the pyre, Huck recalls the tragic episode when
Rousseau stayed at Môtiers—he was hounded out by the villagers,
who threw stones at him, and his writings were condemned by the
vicar of Montmollin[21]—and also the progressiveness of his book's
content, advocating liberty and equality between men prior to
the French Revolution. How to take account of authority without
sacrificing any part of one's liberty? This fundamental question,
which Rousseau asked, elicits from Alain Huck a response of doubt

21 Rousseau recounts his misadventure in
Confessions, Geneva: Société typographique,
1782, book XIII: *La lapidation de Môtiers*

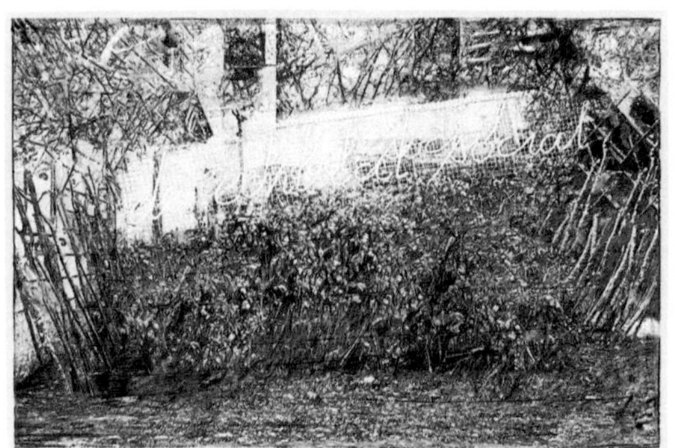

Contrat
2011
151×225 cm

l'autorité sans rien perdre de sa liberté? À la question fondamentale posée par Rousseau, l'artiste répond par le doute et la désillusion. Les travers du monde d'aujourd'hui, affirme le penseur genevois, «n'appartiennent pas tant à l'homme, qu'à l'homme mal gouverné[22]». À Môtiers, le parcours dans la forêt conduisant à la cascade, encore intacte, avait inspiré au penseur ses *Lettres écrites de la montagne* (1762–1764), laissant imaginer en quoi le village du Val de Travers constituât aux yeux de l'auteur de l'*Émile* le creuset d'une nature protégée des affres des hommes. Par sa proposition, Alain Huck ravive le conflit entre nature et société cher à Rousseau : si la nature incarne l'ordre naturel des choses, force est de constater que trois cents ans plus tard, le *Contrat social* n'a pas été rempli. L'installation souligne ainsi une acuité extrême de la justice sociale, la nécessité de dire et de rappeler les inégalités, engendrées par une société éblouie par le pouvoir. Dans l'installation *Je vais raconter* (2008), l'artiste trace cette double promesse au fusain, posant que seul le langage suffit parfois à convaincre d'une vérité : «Je vais raconter les histoires les plus vraies sur chacun d'entre

22 Jean-Jacques Rousseau, *Préface de Narcisse,*
    Œuvres complètes, II, 969, cité
    dans Jean Starobinski, *op. cit.,* p. 34

83

and disillusion. The vices of today's world, the Genevan thinker states, "belong not so much to man as to man poorly governed."[22] At Môtiers, the path in the forest leading to the waterfall, which is still intact, had inspired the thinker's *Letters Written from the Mountain* (1762–1764), allowing us to imagine how, for the author of *Émile,* the village constituted a crucible of a nature shielded from the torments that afflict humans. In his proposition, Huck revisits the conflict between nature and society that was so central to Rousseau: if nature incarnates the natural order of things, we must concede that 300 years on, the *Social Contract* has still not been fulfilled. Thus, his installation also highlights the burning issue of social justice, the necessity to express and remind ourselves of the inequality created by a society dazzled by the desire for greater power. In his installation *Je vais raconter* (2008), the artist traces this dual promise in charcoal, positing that language alone is sometimes sufficient to convince people of a truth: "I am going to tell the truest stories about each one of us I promise and I will stop when the worst has been said."

22 Jean-Jacques Rousseau, preface to "Narcissus,"
    in *Œuvres complètes,* II, 969, quoted
    in Jean Starobinski, *op. cit.,* p. 34 (translated by
    Sarah Tolley)

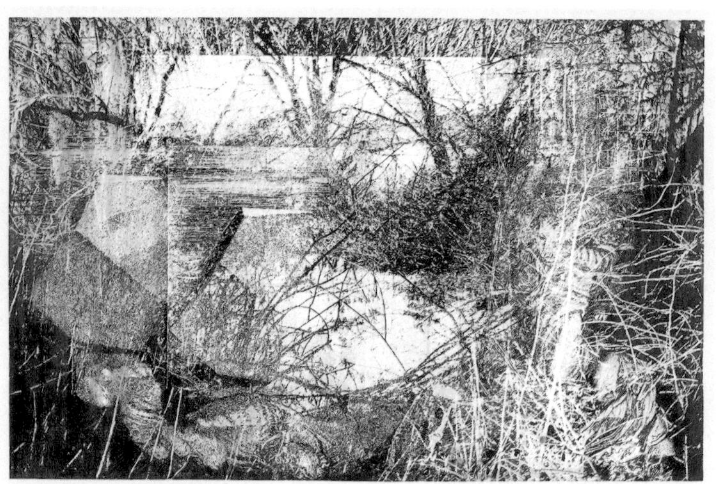

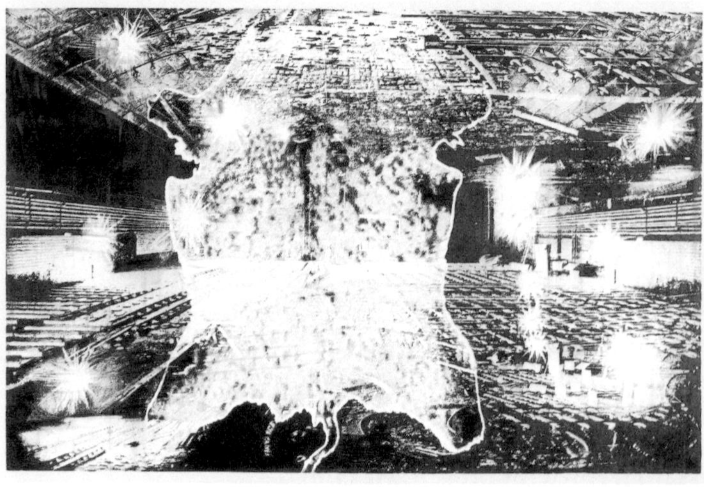

Ancholia
Ancholia
  2011
  214×317 cm
Acte
  2011
  214×317 cm

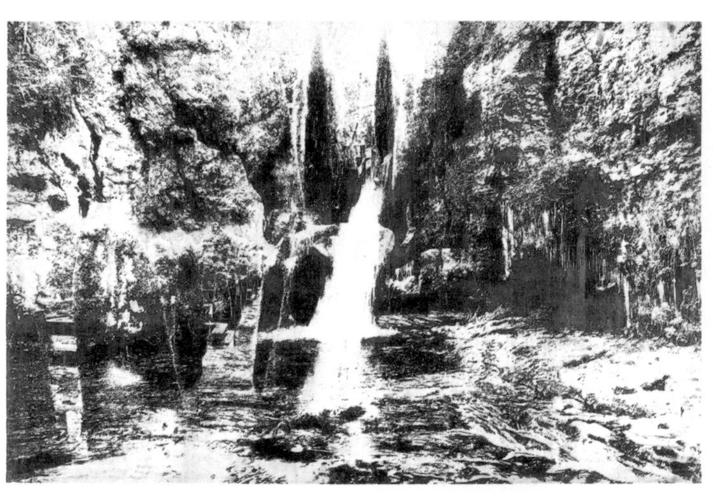

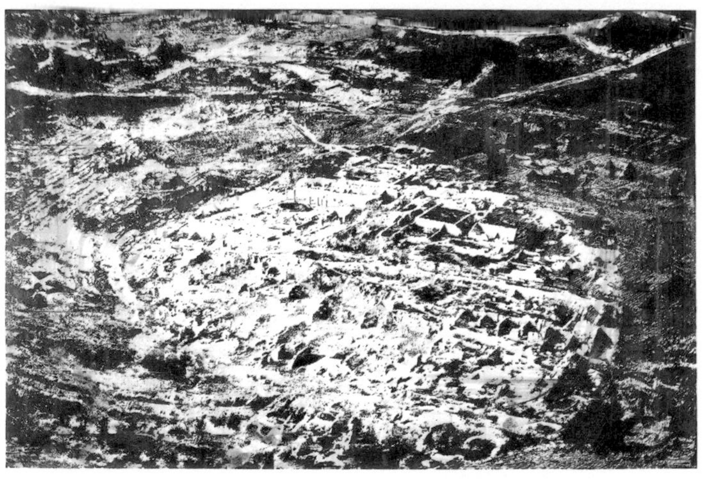

Ancholia
Récidive
  2011
  214×317 cm
Ring
  2011
  214×317 cm

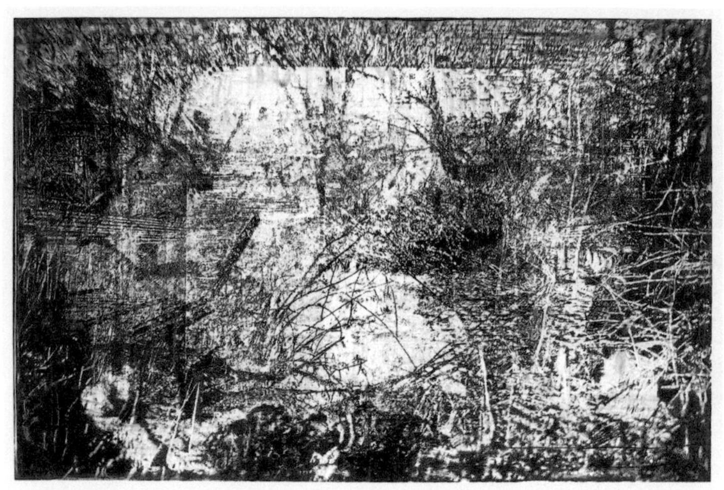

Igni
2012
214×317 cm

nous je vous le promets et je m'arrêterai quand le pire sera dit.»
«Je vais raconter les histoires les plus fausses sur chacun d'entre
nous je vous le promets et je m'arrêterai quand le pire sera dit.»

Si l'artiste est ici celui qui révèle au monde une vérité, s'il se fait
le porte-parole des blessures de l'humanité, c'est qu'il considère
que la société refuse trop souvent de voir, qu'elle se «voile la face»
pour éviter d'affronter les questions trop dérangeantes. Sa mission
revient, dès lors, à donner à voir, à rendre transparent ce qui ne
l'est pas, ce qui du monde aura volontairement été enfoui ou caché
aux êtres humains. La difficulté à voir le vrai, mais aussi à discerner
constitue l'un des grands thèmes de la série des *Salons noirs*.
Ravivant le conflit rousseauiste de l'adaptation de l'homme dans
la société, Alain Huck se donne ainsi pour mission de donner
à voir.
Reprenant à son compte l'idéal du sublime aussi bien que
la désillusion rousseauiste, Alain Huck trace avec les *Salons noirs*
le portrait d'une humanité en deuil, fissurée par les cataclysmes
traversés. Dans un lien spéculaire de soi au monde, de la petite
à la grande histoire, les dessins au fusain incarnent une fêlure
inéluctable à laquelle l'humanité se confronte de façon cyclique,

87

"I am going to tell the falsest stories about each one of us I promise
and I will stop when the worst has been said."

If here Alain Huck is the revealer of truth to the world, if he sets
himself up as a spokesman for the wounds of humanity, it is because
he thinks that society too often refuses to see that it "hides its face"
to avoid tackling questions that are too unsettling. His mission,
then, is to make people see, to render transparent that which is not:
things about the world that have been deliberately buried or hidden
from human beings. The difficulty of seeing the truth, of discerning
it, is one of the great themes of his *Salons noirs* series. By reviving
Rousseau's dilemma of humanity's adaptation to society, Huck has
taken it upon himself to make us see.
Taking up the idea of the sublime and Rousseau's disillusionment,
Huck's *Salons noirs* paint a portrait of humanity in a state of
mourning, riven by the cataclysms that it has experienced. In a
spectacular linkage of self to the world, of minor history to great
historical events, these charcoal drawings give expression to an
inescapable flaw which humanity is compelled to confront cyclically,
the charcoal being ruined even as it contributes to the creation
of the drawing. Now, if the artist really is a seer or a visionary,

Beyond It All
2008–2012
151×102 cm
chacun

le charbon devenant une ruine à mesure qu'il contribue à
l'élaboration du dessin. Or si l'artiste est bien, selon Jacques Derrida,
le voyant ou le visionnaire, le montage libre proposé par Alain Huck
lui permet de souder les pièces d'une autre vision du monde
pour en donner une acception nouvelle. Ce processus fertile de
reconstruction ouvre sur une possible réappropriation de l'histoire,
sur une relecture du monde et une conscience des enjeux que
rencontre l'humanité. Sans doute les *Salons noirs* ont-ils pour mission
première de conjurer l'oubli, ravivant, sur le mode de la transparence
ou de la radiographie, les ombres des disparitions successives,
les abus de pouvoir et leurs conséquences dramatiques sur une
civilisation tout entière. Mais leur manière de collage reflète aussi
la quête de sens et d'apaisement, telle qu'elle fut évoquée par
J. G. Ballard, peu avant sa disparition, tandis qu'il revenait sur
le contexte d'écriture de la *Foire aux atrocités* (1966) associé à la perte
de son épouse :
«J'aurais voulu construire une logique imaginative expliquant
la disparition de ma femme, mais démontrant aussi que l'assassinat
de Kennedy et les innombrables morts de la Seconde Guerre
mondiale avaient servi à quelque chose, qu'ils avaient peut-être
même un sens, suivant des critères encore inconnus. Alors les

89

as Jacques Derrida claims, the free montage proposed by Huck
allows him to weld the pieces of a new vision of the world together,
to give it a new interpretation. This fertile process of reconstruction
opens up the possibility of reappropriating history, of rereading
the world to allow a new awareness of the challenges that humanity
encounters. Undoubtedly, the prime mission of *Salons noirs* is to
banish forgetfulness by reviving, in the manner of a transparency or
an x-ray, the shadows of successive disappearances, abuses of power,
and their dramatic consequences for an entire civilization.
However, this type of collage also reflects the search for meaning and
contentment, as evoked by J. G. Ballard, talking shortly before his
death about the context in which he wrote *The Atrocity Exhibition*
(1966) in connection with the loss of his wife:
"I was trying to construct an imaginative logic that made sense of
Mary's death and would prove that the assassination of President
Kennedy and the countless deaths of the Second World War had
been worthwhile or even meaningful in some as yet undisclosed way.
Then perhaps the ghosts inside my head, the beggar under his quilt
of snow, the strangled Chinese at the railway station, Kennedy and
my young wife could be laid to rest."[23]

23   J. G. Ballard, *Miracles of Life. Shanghai to Shepperton.*
     An Autobiography, Anstey: ISIS, 2009, p. 207

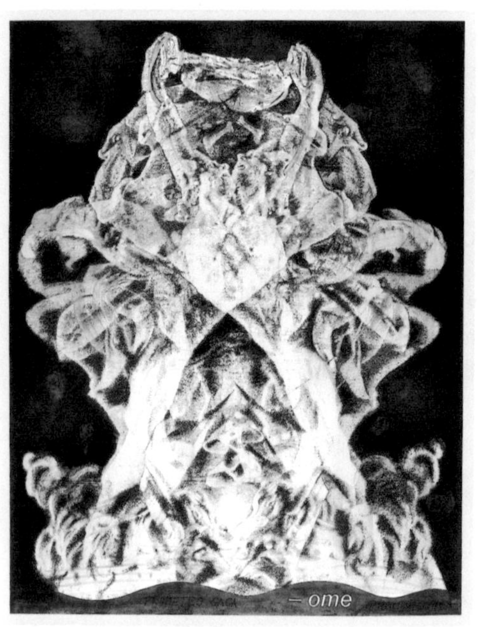

Surtout
mais surtout
ne nous dites
plus comment
survivre
à notre folie.
-ome
(série Prometeo)
2012
271×210 cm

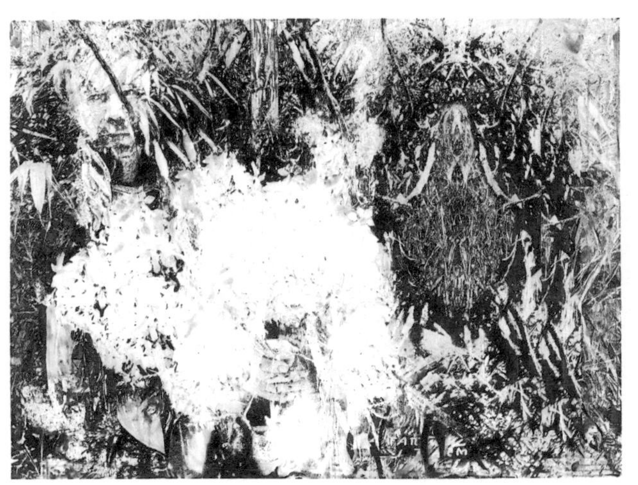

Surtout
mais surtout
ne nous dites
plus comment
survivre
à notre folie.
  Now
  (série Narcisse)
  2013
  213×280 cm

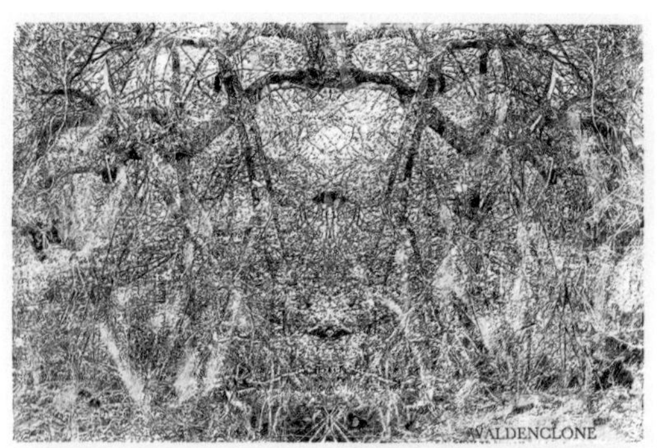

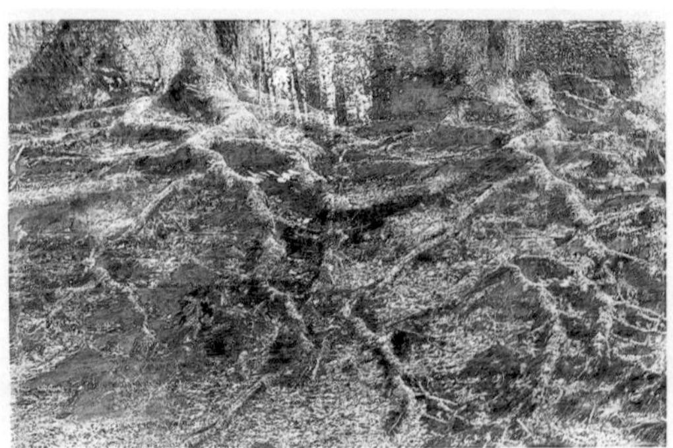

Waldenclone
  2013
  152×225 cm
Twin Roots
  2013
  151×228 cm

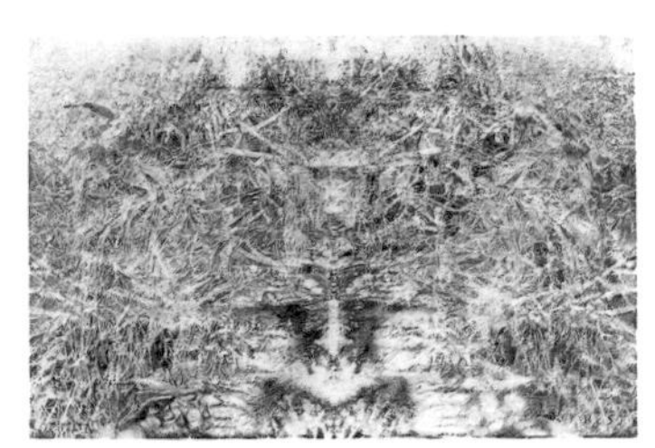

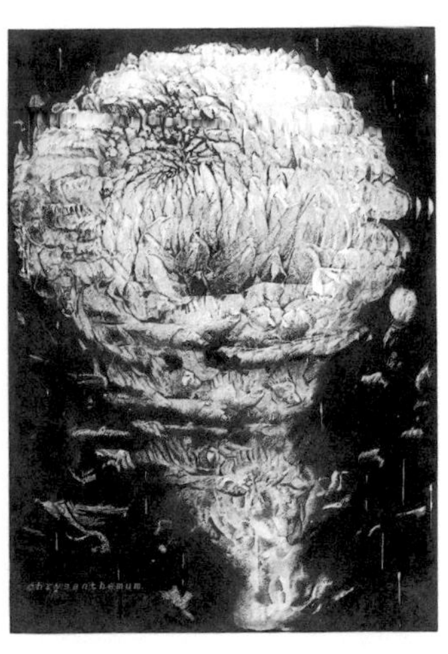

Surtout
mais surtout
ne nous dites
plus comment
survivre
à notre folie.
Ophelia Rest II
2013
151×217 cm
Chrysanthemum II
(série Hanabi)
2013
210×152 cm

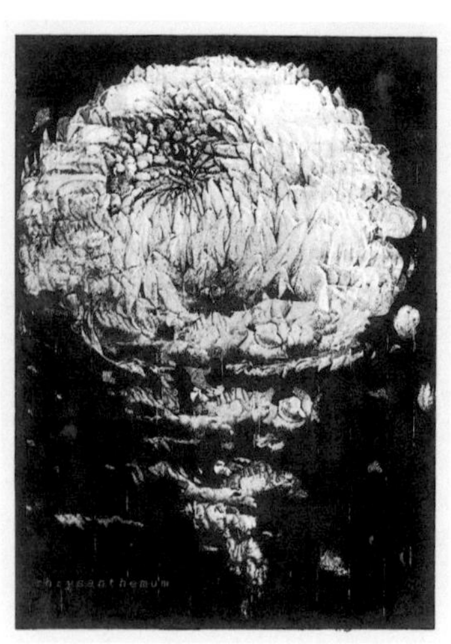

Chrysanthemum
(Hanabi)
2013
210×152 cm

fantômes qui me tournaient dans la tête pourraient enfin reposer
en paix – le vieux mendiant sous son édredon de neige, le Chinois
étranglé dans la petite gare, Kennedy et ma jeune épouse[23].»

Alain Huck fait de l'obstacle et de la transparence les agents de la
construction de son œuvre. C'est par ce biais que l'artiste trouve
le moyen de thématiser la notion d'intégrité, d'opposer le mensonge
à la vérité, l'être au paraître. Il faut se souvenir des drames et rappeler
que notre présent repose sur les ruines des temps passés. Dépasser
les artifices trompeurs pour plonger dans la douloureuse réalité des
choses. Or si l'œil peut s'égarer dans les méandres de l'Histoire,
dévoiler ou raviver la tragédie permet aussi de se livrer à une forme
d'introspection. Dans son retrait mélancolique, sa contemplation
désillusionnée, l'artiste trouve par la collusion des images un moyen
de se «relier» à l'histoire de l'humanité. Il le fait par l'entremise
de points d'ancrages ou de visions anticipées, dressant des ponts
entre les époques et les civilisations. De ce processus naît un possible
dénouement. Par la série des *Salons noirs,* Alain Huck fait ainsi

23   J.G. Ballard, *La Vie et rien d'autre. Mémoires,*
      traduction de l'anglais : Michelle Charrier,
      Paris, Denoël et d'ailleurs, 2009, p. 222

95

Alain Huck turns obstacles and transparency into agents for the
construction of his work and, in so doing, finds a way of
foregrounding the notion of integrity, of confronting lies with truth,
being with appearance. We need to remember those tragedies
and recall that our present rests on the ruins of past times: to look
beyond deceiving artifices and plunge into the doleful reality
of things. As it is, if the eye can lose its way in the meanderings of
history, the act of revealing or reviving tragedy also allows us
to engage in a form of introspection. In his melancholic reclusion,
his disillusioned contemplation, the artist finds in the collusion
of images a means of reconnecting with the history of humanity.
He achieves this through points of anchorage or anticipated visions,
by establishing bridges between eras and civilizations. Out of this
process, a potential solution takes shape. With his *Salons noirs* series,
Huck turns ruins and mourning into a way of embracing existence
in all its philosophical breadth, allowing a possible explanation of his
presence in the world to emerge from his drawings.

Pully, April 2012

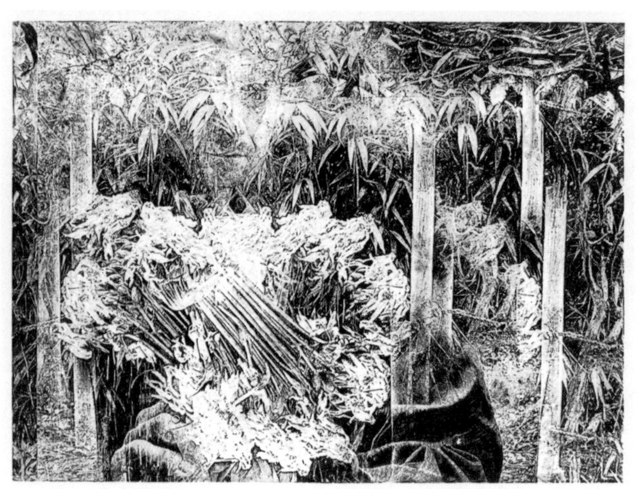

A Farewell to Arms
(Narcisse)
2013
213×280 cm

de la ruine et du deuil un moyen d'embrasser l'existence dans toute son amplitude philosophique, laissant sourdre de ses dessins une explication possible de sa présence au monde.

Pully, avril 2012

97

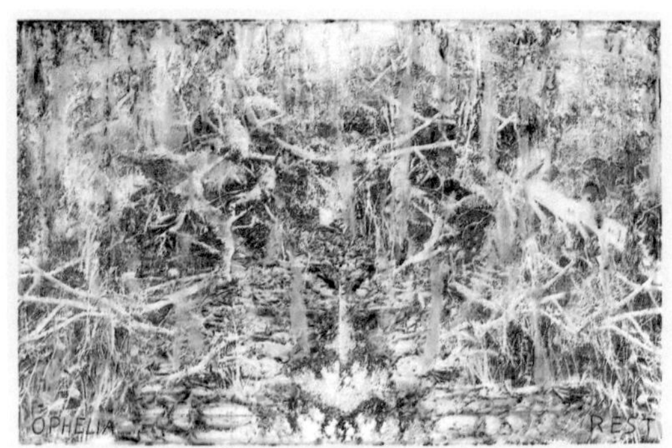

Tabou
Ophelia Rest
2013
151×225 cm

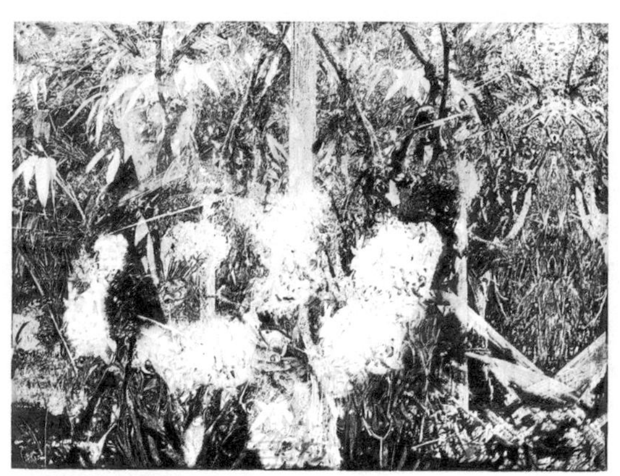

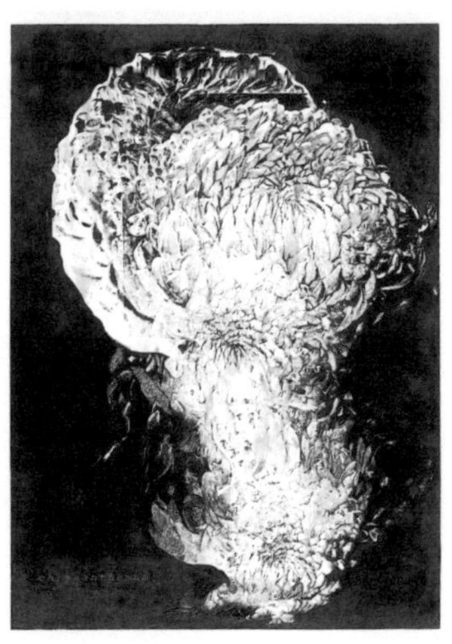

Tabou
Tabou
(Narcisse)
 2013
 183×240 cm
Chrysanthemum III
(Hanabi)
 2013
 210×152 cm

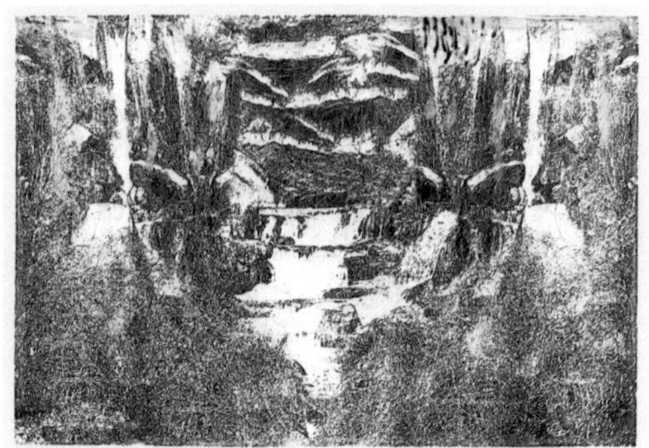

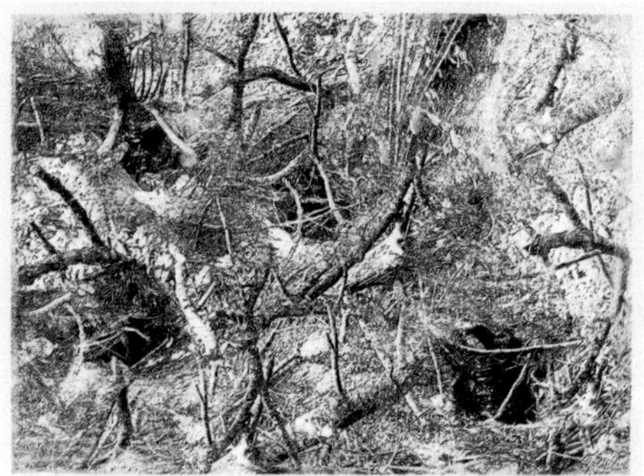

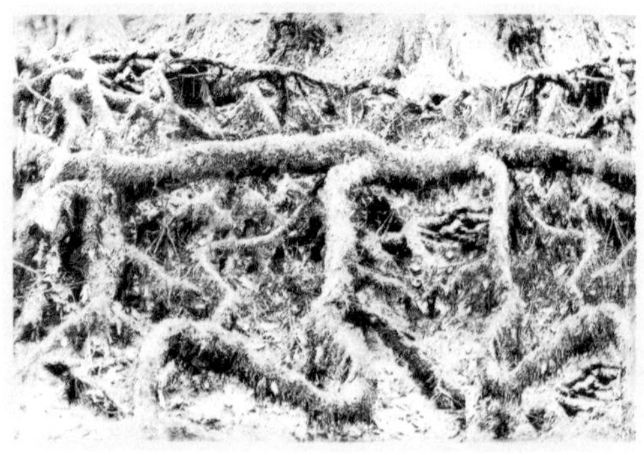

Hybrid
Falls' Remission
2013
151×215 cm
Monsanto
2013
151×200 cm
Waldenclone II
2014
151×218 cm

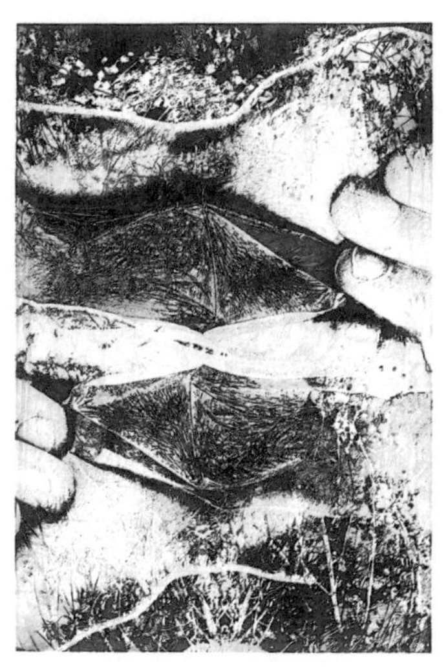

Hybrid
Civil Ghost
(Hypericum
perforatum)
2014
224×151 cm

Biographies

Biographies

Depuis une dizaine d'années, Julie Enckell Julliard développe autour du
dessin contemporain des projets d'exposition et de publication.
Docteure en Histoire de l'art, diplômée du pôle ccc de la Haute école d'art
et de Design de Genève, elle dirige depuis 2013 le Musée Jenisch Vevey,
un musée suisse spécialisé dans l'étude, la conservation et le rayonnement
des œuvres sur papier. En 2010–2011, elle a organisé l'exposition *Voici un dessin
suisse*, présentée au Musée Rath de Genève et à l'Aargauer Kunsthaus d'Aarau.
Elle est membre de la Commission fédérale d'art depuis 2014
et travaille également comme Art advisor pour la Collection d'art Nestlé.

Né en 1957, Alain Huck vit et travaille en Suisse romande.
Aussitôt après ses études à l'École cantonale d'art de Lausanne, il contribue
durant quatre ans aux activités du lieu d'exposition M/2, qu'il fonde en 1987
à Vevey avec un collectif d'artistes. En 1990, au retour d'une résidence
à l'Institut suisse de Rome, il s'engage dans un travail personnel polymorphe
impliquant divers medias qui vont de la peinture à la photographie,
du dessin à la video, en utilisant fréquemment le texte. En 1997, il séjourne
à Paris, à la Cité internationale des Arts. Dès 2006, il entreprend la réalisation
d'une longue suite de dessins au fusain sur des formats monumentaux.
Ses œuvres ont été présentées au Musée Jenisch de Vevey (2006), au Mamco
à Genève (2009), à Art Unlimited à Bâle (2011), au Centre culturel suisse
de Paris (2012), au Musée des beaux-arts de Nancy (2012) et dans de nombreux
autres musées, galeries et centres d'art.

103

For more than a decade Julie Enckell Julliard has been working on exhibition
and publication projects concerned with contemporary drawing. She holds
a PhD in Art History and a Master's degree in Critical Curatorial Cybermedia
from the University of Art and Design in Geneva and has been in charge
of the Musée Jenisch Vevey since 2013. The Swiss museum specializes in the
study, conservation, and dissemination of works on paper. In 2010–2011
she organized the *Voici un dessin Suisse* exhibition, which was shown at the
Musée Rath in Geneva and the Aargauer Kunsthaus in Aarau. She has been a
member of the Swiss Federal Art Commission since 2014 and also works as
art advisor for the Nestlé Art Collection.

Alain Huck was born in 1957. He lives and works in the Romandie. After
studying at what is now the School of Art and Design in Lausanne, he spent
four years contributing to the M/2 exhibition space, which he cofounded in
Vevey with an artist's collective in 1987. Following a residency at the Swiss
Institute in Rome in 1990, he started working on his own, creating
polymorphous works in a variety of media, from painting to photography,
from drawings to video, often using text as well. In 1997 he spent some time
in Paris, the "international city of the arts." By 2006 he had begun work on a
long, monumental series of charcoal drawings.
His artworks have been shown at the Musée Jenisch Vevey (2006), Mamco in
Geneva (2009), Art Unlimited in Basel (2011), the Centre culturel suisse in
Paris (2012), the Musée des Beaux-Arts in Nancy (2012),
as well as many other museums, galleries, and art centers.

Bibliographie

Bibliography

Monographies / Monographs
David Lemaire
La symétrie du saule
Genève / Mamco, 2015

Julie Enckell Julliard, Konrad
Bitterli, Dominique Radrizzani
Alain Huck
Vevey, Zurich / Musée Jenisch,
jrp|ringier, 2006

Alain Huck
Autre chose encore
Texte de Jérôme Baratelli,
Lausanne / Placette et Musée
des Beaux-Arts, 1990

Livres d'artiste / Artist's books
Alain Huck
Ancholia
Paris / Centre culturel suisse, 2012

Alain Huck
Vite soyons heureux il le faut je le veux
Zurich / jrp|ringier, 2007

Alain Huck
Le Ciel s'En va (Préface)
Rome / Istituto Svizzero
di Roma, 1990

Ouvrages collectifs /
Group publications
Françoise Jaunin
L'Archipel du dessin
Silvia Bächli, Marc Bauer,
Alain Huck, Karim Noureldin,
Markus Raetz, Didier Rittener
Lausanne / PPUR
pp. 63–85, 2014

Nicholas Alfrey
« Alain Huck » in
*Vitamin D2 : New Perspectives
in Drawing*
Londres / Phaidon
pp. 134–137, 2013

Jonas Storsve
« Alain Huck » in *Projet pour l'art
contemporain. 10 ans d'acquisitions*
Paris / Somogy / Centre Pompidou
pp. 84–85, 2012

Dominique Radrizzani
« Alain Huck : Le corps à l'étal »
in *Le livre libre. Essai sur le livre
d'artiste*, 2010,
Paris / Buchet Chastel
p. 323

Julie Enckell Julliard
« Alain Huck et l'empreinte du
texte », in *La Gravure en Suisse
romande, Les Nouvelles de l'estampe*,
2009, pp. 82–84

Articles et textes divers / A selection
of published articles and essays
Katharina Holderegger
« Alain Huck –
Auf der Seite der Opfer »
in *Kunstbulletin*
12 / 2013
pp. 32–39

Élisabeth Chardon
« Alain Huck, dans la jungle
de ses insomnies »
in *Le Temps*
21 septembre 2013
p. 34

Alex Hanimann, « Alain Huck –
Images de l'incertain »
in *Interna* supplément à *Gazzetta*
nᵒ 53 / 2013, Zurich / ProLitteris
p. 8

Julie Enckell Julliard
« Scruter le monde avec Alain
Huck »
in *Interna*, supplément à *Gazzetta*
nᵒ 53 / 2013, Zurich / ProLitteris
pp. 10–11

Marco Costantini
« Alain Huck – Surtout mais
surtout ne nous dites plus
comment survivre à notre folie »
in *artcollector*
nᵒ 15/2013–2014
p. 49

Katia Schwerzmann
« Le réconfort des mousses »
in *Novembre magazine*
nᵒ 8 2013–2014
pp. 332–343

Marianne Dautrey
« Le théâtre des ombres
d'Alain Huck »
in *Le Phare*
nᵒ 10 / 2012
Paris / Centre culturel suisse
pp. 4–7

Laurent Wolf
« Dessiner pour affronter
l'histoire sans l'oubli »
in *Le Temps*
7 février 2012
p. 26

Laurent Wolf
« Un moment de silence
dans la foire »
in *Le Temps*
11 juin 2011
pp. 37–39

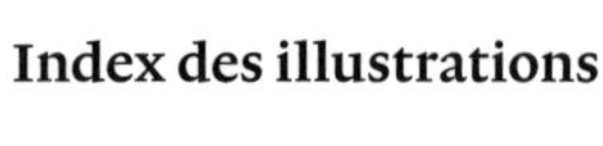 Index des illustrations

Index of illustrations

Les dessins sont reproduits
selon un ordre chronologique,
et réduits à 3 % de leur taille
originale. Certains sont
regroupés sous le titre de
l'exposition dans laquelle
ils ont été présentés.

The reproductions of
the drawings are presented
in chronological order
and have been reduced to 3 %
of their actual size. Some
of them have been arranged
under the title of the
exhibition that they were
shown in.

No See No Bomb
Galerie Skopia, Genève
2007
pp. 6–9

Kuroi Ame
Printemps de Septembre,
Galerie Sollertis, Toulouse
2008
pp. 22–25

Déposition
Kunstforum Baloise, Bâle
2010
pp. 68–69

Tragedy or Position
Art Unlimited
Galerie Skopia, Bâle
2011
Musée des beaux-arts, Nancy
2012
pp. 74–77

Ancholia
Centre culturel suisse, Paris
2012
pp. 84–85

*Surtout mais surtout ne nous
dites plus comment survivre à
notre folie*
Galerie Skopia, Genève
2013
pp. 90–93

Tabou
Galleria Marie-Laure Fleisch,
Rome
2013
pp. 98–99

Hybrid
The Armory Show
Galerie Skopia, New York
2014
pp. 100–101

-ome (Prometeo)
2012
fusain sur papier
271×210 cm
Collection du Fonds
d'art contemporain
de la Ville de Genève
p. 90

A Farewell to Arms
(Narcisse)
2013
fusain sur papier
213×280 cm
Collection Musée
Jenisch Vevey
Collection
d'Art Nestlé
p. 96

Acte
2011
fusain sur papier
214×317 cm
Collection Mamco
Don anonyme
p. 84

Affection
2010
fusain sur papier
151×225 cm
Collection Baloise
Group
p. 68

Alto Solo
2007
fusain sur papier
230×151 cm
Collection du Fonds
des Arts plastiques
de la Ville de Lausanne
p. 14

Ancholia
2011
fusain sur papier
214×317 cm
Collection particulière
Lausanne
p. 84

Beyond It All
2008-2012
fusain sur papier
diptyque
154×211 cm
Collection Art-Boubo
Suisse
p. 88

Certains dessins
certains faits
2006
fusain sur papier
151×194 cm
Collection particulière
Genève
p. 7

Chrysanthemum
(Hanabi)
2013
fusain sur papier
210×152 cm
Collection d'art
de la Banque Cantonale
Vaudoise
Lausanne
p. 94

Chrysanthemum II
(Hanabi)
2013
fusain sur papier
210×152 cm
Collection particulière
p. 93

Chrysanthemum III
(Hanabi)
2013
fusain sur papier
210×152 cm
Collection particulière
Genève
p. 99

Civil Ghost
(Hypericum perforatum)
2014
fusain sur papier
224×151 cm
Collection particulière
Genève
p. 101

Contrat
2011
fusain sur papier
151×225 cm
Collection particulière
Prangins
p. 82

Déposition
2010
fusain sur papier
151x225 cm
Collection particulière
Lausanne
p. 69

Division
2008
fusain sur papier
151×226 cm
Collection Mamco
acquis grâce
au soutien
de la Fondation
Coromandel
p. 38

Edenblock
(Tragedy or Position)
2011
fusain sur papier
271×400 cm
Collection particulière
Genève
p. 77

Edenblock II
2010
fusain sur papier
150×225 cm
Collection particulière
Prangins
p. 72

Edenblock III
2011
fusain sur papier
151×223 cm
Collection particulière
Pully
p. 78

Élie
2010
fusain sur papier
150×225 cm
Collection particulière
Genève
p. 70

État
2009
fusain sur papier
151×225 cm
Collection particulière
Prangins
p. 58

Extension
2008
fusain sur papier
151×221 cm
Collection particulière
Genève
p. 30

Extinction
2008
fusain sur papier
151x109 cm
Collection particulière
Genève
p. 25

Falls' Remission
2013
fusain sur papier
151×215 cm
Collection particulière
New York
p. 100

Fraction
2009
fusain sur papier
151×218 cm
Collection Pictet
p. 50

Fraction II
2010
fusain sur papier
151×246 cm
Collection d'art
de la Banque
Cantonale Vaudoise
Lausanne
p. 64

Généalogies
2006
fusain sur papier
100×151 cm
Collection Banque
nationale Suisse
p. 4

Généalogies II
2008
fusain sur papier
100×151 cm
Collection FOC
Genève
p. 32

Génération
2007
fusain sur papier
151×223 cm
Collection Pictet
p. 10

Hortus conclusus
2008
fusain sur papier
193×336 cm
Centre Pompidou
Musée national
d'art moderne
Paris
Don de la Société
des Amis du MNAM
Projet pour l'art
contemporain
2008
p. 34

Igni
2012
fusain sur papier
214×317 cm
Collection particulière
Suisse
p. 86

Janus, Janus!
2009
fusain sur papier
246×368 cm
Courtoisie Galerie
Skopia Genève
p. 48

Je vais raconter
2008
fusain sur papier
150×230 cm
Courtoisie Galerie
Skopia Genève
p. 23

Je vais raconter
2008
fusain sur papier
150×230 cm
Courtoisie Galerie
Skopia Genève
p. 23

Kuroi Ame
2007
fusain sur papier
250×368 cm
Collection particulière
Genève
p. 20

Kuroi Ame II
2008
fusain sur papier
250×368 cm
Musée cantonal
des Beaux-Arts
de Lausanne
Don de la Société
vaudoise
des Beaux-Arts
2008
p. 24

La butte
2006
fusain sur papier
100×151 cm
Collection particulière
Genève
p. 8

La fosse
2006
fusain sur papier
151×214 cm
Collection particulière
Genève
p. 6

Le banquet
2010
fusain sur papier
251×370 cm
Collection Museum
of Old and New Art
(MONA)
Tasmanie
Australie
p. 60

Le champ
2006
fusain sur papier
151×216 cm
Collection particulière
Jouxtens-Mézery
p. 6

Le salon
2006
fusain sur papier
150×223 cm
Collection d'art
de la Banque
Cantonale Vaudoise
Lausanne
p. 2

Le salon II
2007
fusain sur papier
151×223 cm
Collection particulière
Genève
p. 9

Le souffle
2010
fusain sur papier
151×225 cm
Collection Baloise Group
p. 69

Lead and Gold
2008
fusain sur papier
151×225 cm
Collection particulière
Genève
p. 42

Lead and Gold II
2008
fusain sur papier
114×179 cm
Collection particulière
p. 44

Lead and Gold III
2008
fusain sur papier
114×179 cm
Collection particulière
Genève
p. 46

Lead and Gold IV
2009
fusain sur papier
150×229 cm
Collection particulière
Genève
p. 52

Locus solus
2008
fusain sur papier
151×101 cm
Collection Marc
Blondeau
Genève
p. 25

Lost
2007
fusain sur papier
151×236 cm
Collection particulière
Genève
p. 16

Lussy
2009
fusain sur papier
150×225 cm
Collection particulière
Genève
p. 54

Lussy II
2010
fusain sur papier
151×226 cm
Collection particulière
p. 62

M Marzabotto
2008
fusain sur papier
216×344 cm
Collection particulière
Genève
p. 40

Marzabotto
2008
fusain sur papier
100×151 cm
Collection particulière
Genève
p. 25

Monsanto
2013
fusain sur papier
151×200 cm
Collection particulière
Genève
p. 100

Morfinal solution
2007
fusain sur papier
151×100 cm
Collection
Marc Blondeau
Genève
p. 18

Nebula
(Tragedy or Position)
2011
fusain sur papier
271×400 cm
Collection particulière
Genève
p. 76

Nef
2009
fusain sur papier
150×230 cm
Collection particulière
Genève
p. 56

Now (Narcisse)
2013
fusain sur papier
213×280 cm
Collection particulière
Crans
p. 91

Omertà
2007
fusain sur papier
252×413 cm
Collection particulière
Genève
p. 22

Ophelia Rest
2013
fusain sur papier
151×225 cm
Collection particulière
p. 98

Ophelia Rest II
2013
fusain sur papier
151×217 cm
Collection particulière
Sézegnin
p. 93

Position
(Tragedy or Position)
2011
fusain sur papier
271×400 cm
Collection particulière
Genève
p. 75

Récidive
2011
fusain sur papier
214×317 cm
Collection particulière
Genève
p. 85

Respirer une fois sur deux
2006
fusain sur papier
151×119 cm
Collection
Marc Blondeau
Genève
p. 8

Ring
2011
fusain sur papier
214×317 cm
Collection Luc Bellier
Paris
p. 85

Saisie
2006
fusain sur papier
151×225 cm
Collection particulière
Genève
p. 6

Saisie II
2007
fusain sur papier
151×223 cm
Sturzenegger-Stiftung
Museum zu
Allerheiligen
Schaffhausen
p. 12

Saisie III
2008
fusain sur papier
151×224 cm
Collection particulière
Genève
p. 26

Secteur
2007
fusain sur papier
151×214 cm
Collection particulière
p. 9

Secteur II
2008
fusain sur papier
151×226 cm
Collection Mathé Perrin
Paris
p. 36

Stabat Flower
2011
fusain sur papier
151×225 cm
Collection
Marie-Christine
Gailloud-Matthieu
Lausanne
p. 80

Suspension
2008
fusain sur papier
230×150 cm
Sturzenegger-Stiftung
Museum zu
Allerheiligen
Schaffhausen
p. 28

Tabou (Narcisse)
2013
fusain sur papier
183×240 cm
Collection privée
Lausanne
p.99

Tevere
2010
fusain sur papier
151×225 cm
Collection particulière
Genève
p. 68

Théâtre
2010
fusain sur papier
195×370 cm
WK Archipel Collection
– Geneva
p. 66

Tragedy
(Tragedy or Position)
2011
fusain sur papier
271×400 cm
Collection particulière
Genève
p. 74

Twin Roots
2013
fusain sur papier
151×228 cm
Collection particulière
Genève
p. 92

Waldenclone
2013
fusain sur papier
152×225 cm
Collection Alice Pauli
Lausanne
p. 92

Waldenclone II
2014
fusain sur papier
151×218 cm
Collection particulière
Grande-Bretagne
p. 100

Mentions légales / Imprint

Sous la direction de / Edited by:
Julie Enckell Julliard, Alain Huck,
Cornelia Mechler, Catherine
Monney

Conception graphique / Book design
and typesetting:
Baldinger • Vu-Huu, Paris

Suivi éditorial et correction du
français / Editing and proofreading
French:
Martine Passelaigue, Paris

Traduction en anglais / Translation
into English:
Sarah Tolley, Edinburgh
Geoffrey Spearing, Zurich

Suivi éditorial de l'anglais / Editing
English:
Lisa Rosenblatt, Vienna

Correction de l'anglais / Proofreading
English:
Lisa Schons, Zurich

Lithographie / Lithography:
Roger Emmenegger, Datatype,
Lausanne

Impression / Printing:
TBS La Buona Stampa, Pregassona

Reliure / Binding:
Bubu, Mönchaltorf

Remerciements particuliers à /
Special thanks to:
Johana Carrier, Clément Dirié,
Marie-Laure Fleisch, Pierre
Jaccaud, Valérie Jaquinet,
Nicolas Julliard, Federica Martini,
Anne-Pascale Mittaz, Laurence
Schmidlin, Stéphanie Serra

Cette publication a été réalisée
avec le soutien de /
This publication has been
realised with the support of:

L'Etat de Vaud
Fondation Pro Scientia et Arte
Galleria Marie-Laure Fleisch, Rome
Galerie Skopia, Genève
Sandoz-Fondation de Famille
Ville de Lausanne

Verlag Scheidegger & Spiess AG
Niederdorfstrasse 54
8001 Zürich
Suisse / Switzerland

www.scheidegger-spiess.ch

ISBN 978-3-85881-769-3